Knaur

Von Erich Bauer ist außerdem erschienen:

Mond und Psyche
Das Liebeshoroskop (12 Bände)
Ihr persönlicher Astrobegleiter (12 Bände)

Über den Autor:

Erich Bauer, Jahrgang 1942, ist Diplompsychologe, Heilpraktiker und Journalist. Seit 1980 beschäftigt er sich intensiv mit psychologischen Grenzgebieten, Schwerpunkt Astrologie. Er ist Autor zahlreicher Bücher und verfaßte Tages-, Monats- und Jahreshoroskope u. a. für *Cosmopolitan, Hamburger Abendblatt, Berliner Morgenpost* und das Fernsehen. Er hat eine eigene Praxis und ist Chef-Astrologe der wöchentlich erscheinenden *Astrowoche.*

Erich Bauer

Das Astro-Handbuch

Jungfrau

24. 8. – 23. 9.

Liebe • Gesundheit • Karriere

Knaur

Besuchen Sie uns im Internet:
www.droemer-weltbild.de

Originalausgabe 2001

Redaktion: Ralf Lay
Umschlaggestaltung: Agentur Zero, München
Umschlagillustration und Graphiken: Isabella Roth, Hamburg
Layout und Satz: Sabine Hüttenkofer, München
Druck und Bindung: Clausen & Bosse, Leck
Printed in Germany
ISBN 3-426-77547-6

5 4 3 2

Für Elisabeth, Rainer, Sabine, Martin, Islama und Edith

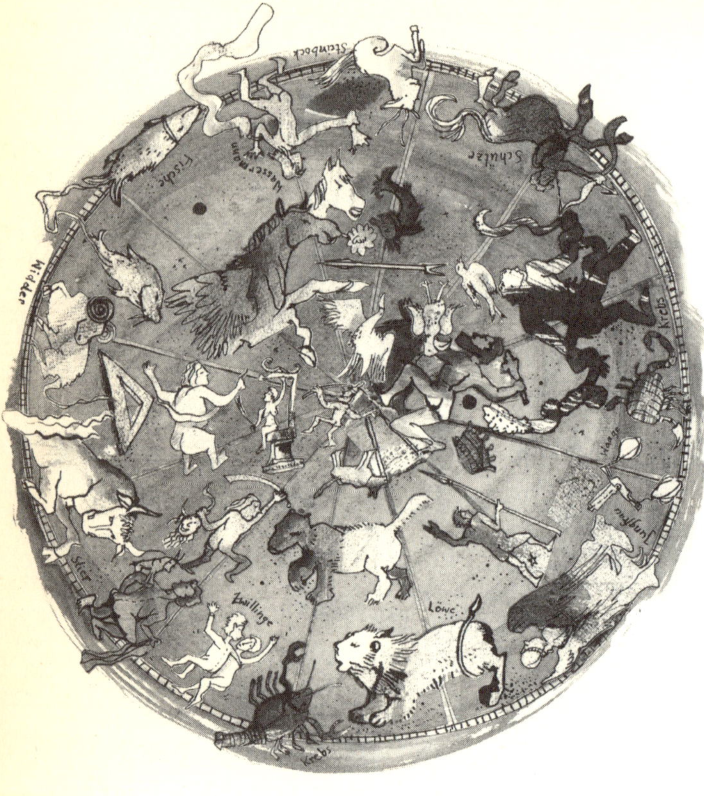

Die Sternzeichen des nördlichen Tierkreises bilden die Grundlage der Astrologie

INHALT

VORWORT

Astrologie ist eine wunderbare Sache.
Sie verbindet den Menschen mit dem Himmel, richtet seinen Blick nach oben in die Unendlichkeit. Vielleicht steckt hinter der Beschäftigung mit Astrologie zutiefst die Sehnsucht nach unserem Ursprung, unserem Zuhause, nach Gott – oder wie immer man das Geheimnisvolle, Unbekannte nennen will.

Astrologie ist uralt und trotzdem hochaktuell.
Die ersten Zeugnisse einer Sternenkunde liegen Tausende von Jahren zurück. Und dennoch ist sie brandneu. Es scheint, als hätte sie nichts von ihrer Faszination eingebüßt. Natürlich hat sich die Art und Weise astrologischer Beschäftigung verändert. Während früher noch der Astrologe persönlich in den Himmel schaute, studiert er heute seinen Computerbildschirm. Damals konnte man nur von einem Kundigen eingeweiht werden, heute finden sich beinahe in jeder Zeitung astrologische Prognosen.

Astrologie ist populär.
Jeder kennt die zwölf Tierkreiszeichen. Man kann eigentlich einen x-beliebigen Menschen auf der Straße ansprechen und ihn nach seiner Meinung befragen: Er weiß fast immer Bescheid, sowohl über sein eigenes Sternzeichen als auch über die meisten anderen. Die zwölf astrologischen Zeichen sind Archetypen, die im Unterbewußtsein ruhen und auf die man jederzeit zurückgreifen kann.

Astrologie schenkt Sicherheit.
Der einzelne findet sich eingebettet in einer gütigen und wohlwollenden Matrix, ist aufgehoben, hat seinen Platz, so wie auch alle anderen ihren Platz haben.

Astrologie kann gefährlich sein.
Sie kann sowohl den Astrologen wie auch seine Klienten dazu verleiten, sich aus der Wirklichkeit auszublenden. Ersterem scheint sie ein schier perfektes System zu liefern: Konstellationen, die sich auf Bruchteile von Sekunden berechnen lassen, blenden und machen

glauben, man habe es mit einer exakten Wissenschaft zu tun. Genau das ist aber falsch. Die Astrologie ist viel eher eine Kunst oder eine Philosophie als eine Naturwissenschaft. Ihre Vorhersagen sind immer nur ungefähr, zeigen eine Möglichkeit, geben aber keine Garantie. Astrologen wie Ratsuchende driften, wenn sie nicht achtgeben, leicht in eine Pseudowelt ab. In ihr ist zwar alles in sich stimmig, allein es fehlt am validen Bezug zur Wirklichkeit.

Ich bin Astrologe aus Passion. Ich lebe in dieser Welt, aber ich weiß auch, daß sie nicht alles offenbart. Ich freue mich, die Gestirne als Freunde zu haben, und glaube, daß ich so mein Schicksal gütig stimme. Das ist eine Hoffnung, kein Wissen.

Ist Astrologie dann ein Religionsersatz?

Vielleicht. Aber genausogut könnte man auch die Religionen als einen Ersatz für Astrologie bezeichnen. Die Sterne waren jedenfalls zuerst da. Ich betrachte die Planeten wie »Götter«. Aber das tue ich nur, um die Würde zum Ausdruck zu bringen, die ihnen nach meiner Meinung zu eigen ist. Ich weiß jedoch auch, daß sie nicht der Weisheit letzter Schluß sind. Dahinter existiert noch etwas Größeres, Mächtigeres, Unfaßbares.

Am meisten begeistert mich, daß mir die Astrologie die Augen geöffnet hat für die Vielfalt des Lebens. Man neigt doch so sehr dazu, die Welt als einen Teil von sich selbst zu erleben, entweder passend oder nicht – richtig oder falsch. Mit Hilfe der Astrologie habe ich erfahren, daß es verschiedene Prinzipien gibt und damit auch ganz verschiedene Menschen.

Ich wünsche Ihnen beim Lesen Spaß, Spannung, etwas Skepsis – und daß Sie sich selbst und andere besser verstehen.

Erich Bauer im Frühjahr 2001

Eine kurze Geschichte der Astrologie

Am Anfang jeder Geschichte der Astrologie steht das Bild des nächtlichen, mit Sternen übersäten Himmels. Der Mensch früherer Zeiten hat ihn sicher anders erlebt als wir. Er wußte nichts von Lichtjahren und galaktischen Nebeln. Er erschaute das Firmament eher vergleichbar einem Kind. Und als Kind der Frühzeit sah er sich nicht, wie wir heute, als getrennt von diesem Himmel, sondern als eins mit ihm. Er fand sich in allem und fand alles in sich. Und er folgte dem Rhythmus dieses großen Ganzen, ähnlich wie ein Kind seiner Mutter folgt. Dabei fühlte er sich wohl getragen und geborgen.
Wann die Menschheit anfing, sich aus diesem Gefühl der Allverbundenheit zu lösen, ist schwer zu sagen. Die überlieferten Zeichen sind rar und rätselhaft. Aber als der Homo sapiens begann, die Sterne zu deuten, war er dem großen Ozean seit Äonen entstiegen, er sah sich und den Himmel längst als getrennte Einheiten. Doch kam es irgendwann dazu, daß der Mensch Beziehungen zwischen den Sternbildern und dem Leben auf der Erde wiederentdeckte, deren Kenntnis er eigentlich schon immer besaß. Beispielsweise erlebte er, daß ein Krieg ausbrach, während am Himmel ein Komet auftauchte und die normale Ordnung der Sterne störte. Oder er empfand großes Glück, während sich am Himmel zwei besonders helle Lichter trafen. Er begann solch auffällige Lichter mit Namen zu versehen: »Helios« beispielsweise – oder »Jupiter«, »Mars« oder »Venus«. Er ging sogar dazu über, bestimmte Sterne als Gruppen (Sternbilder) zusammenzufassen und ihnen Namen zu geben, etwa »Widder« oder »Großer Wagen«. Immer wieder beobachtete er typische Gestirnskonstellationen, die parallel zu markanten Ereignissen auf der Erde auftraten. Nach den Gesetzen der Logik entwickelte er aus diesen Zusammenhängen mit der Zeit eine Wissenschaft, die Astrologie, die ihm zum Beispiel die Schlußfolgerung erlaubte, daß auf der Erde Gefahr droht, wenn Mars in das Tierkreiszeichen Skorpion eintritt. So fand der Mensch allmählich seine verlorene Einheit wieder und baute eine Brücke, die ihn mit seinem Urwissen verband, das er im Inneren seiner Seele aber nie wirklich verloren hatte.

DER URSPRUNG

Die Urheimat der Sternkunde war nach heutigem Erkenntnisstand Mesopotamien, das Land zwischen den Flüssen Euphrat und Tigris, das jetzt »Irak« heißt. Dort war der menschliche Geist wohl am kühnsten und vollzog als erster endgültig die Trennung zwischen Mensch und Schöpfung. Die Sterne am Himmel bekamen Götternamen, etwa den des Sonnengotts Schamasch und der Göttin Ischtar, die auch als Tochter der Mondgöttin verehrt wurde und die sich als leuchtender Venusstern offenbarte. Da der Mond, die Sonne und einige andere Lichter im Vergleich zu den Fixsternen scheinbar wanderten, nannte man diese Planeten »umherirrende« oder »wilde Schafe« und unterschied sie von den »festgebundenen« oder »zahmen Schafen« – den Fixsternen, die vom Sternbild Orion, dem »guten Hirten«, bewacht wurden. Der größte Planet des Sonnensystems, mit heutigem Namen »Jupiter«, war im Land zwischen den zwei Strömen ein Sinnbild des Schöpfergottes Marduk. Sein Sohn und Begleiter hieß »Nabu« und wurde später zu »Merkur«. Das rötlich funkelnde Gestirn Mars wiederum war die Heimat des Herrn der Waffen, der genauso als Rachegott angesehen wurde. Saturn war ebenfalls bereits entdeckt worden und wurde als eine »müde Sonne« betrachtet. Außerdem galt er als Gott der Gerechtigkeit, Ordnung und Beständigkeit. Gemeinsam mit anderen Göttern erhob sich schließlich der Rat der zwölf Gottheiten, und damit hatten auch die zwölf verschiedenen astrologischen Prinzipien ihren Auftritt. Zu all diesen Erkenntnissen kam man im Zweistromland etwa zwischen dem 7. und 4. vorchristlichen Jahrhundert.

Man hat Tafeln aus dem 2. Jahrhundert vor Christus gefunden, auf denen Beobachtungen über den Lauf von Sonne, Mars und Venus eingezeichnet waren. Auch Zeugnisse von ersten Geburtshoroskopen stammen aus dieser Zeit. Im Jahr 1847 wurden bei den Ruinen von Ninive 25 000 Tontafeln ausgegraben. Man datierte sie ins Jahr 600 vor Christus. Auf einem Teil dieser Tafeln befinden sich Weissagungen, die, mit etwas Zeitgeist aufgefrischt, ohne weiteres der astrologischen Seite einer modernen Tageszeitung entstammen könnten: »Wenn Venus mit ihrem Feuerlicht die Braut des Skorpions beleuchtet, dessen Schwanz dunkel ist und dessen Hörner hell leuchten, so wird Regen und Hochflut das Land verwüsten.«

Das ist eine »professionelle« astrologische Vorhersage. Damit war Spezialistentum an die Stelle einer ganzheitlichen Naturerfahrung getreten. Denn inzwischen hatte nur der fachkundige Astrologe die Zeit und das Wissen, den Himmel zu studieren, um daraus Rückschlüsse auf die Ereignisse im Weltgeschehen zu ziehen. Bald mußte dieser Fachmann auch nicht einmal mehr den Himmel selbst beobachten. Spätestens im 1. Jahrhundert vor Christus gab es Ephemeriden. Das sind Bücher, aus denen die Stellung der Gestirne zu jeder beliebigen Zeit herausgelesen werden kann. Die Astrologie, wie sie auch heute noch betrieben wird, war damit endgültig geboren.

DIE BLÜTE

In den nun folgenden anderthalbtausend Jahren erlebte die Astrologie eine Blütezeit kolossalen Ausmaßes. Dafür steht ein so bedeutender Name wie Claudius Ptolemäus. Er lebte im 2. Jahrhundert nach Christus und vertrat das geozentrische Weltbild mit der Erde im Mittelpunkt, auf das sich die Menschheit nach ihm noch länger als ein Jahrtausend beziehen sollte. Er war Geograph, Mathematiker und ein berühmter Astrologe und Astronom, der das bis in unsere Zeit fast unveränderte Regelwerk der Astrologie, den *Tetrabiblos*, welcher aus vier Büchern besteht, verfaßte. Darin riet er zu einer sorgfältigen Gesamtschau des Geburtshoroskops. Er erwähnte auch, daß man bei der Beurteilung eines Menschen ebenso dessen Milieu und Erziehung berücksichtigen solle, was einer modernen ganzheitlichen psychologischen Betrachtungsweise entspricht.

Eine spätere Berühmtheit in der Geschichte der Astrologie war Philippus Theophrastus Bombastus von Hohenheim (1493–1541), der sich selbst stolz Paracelsus nannte. Er war Arzt, Alchimist sowie Philosoph, und von ihm stammt jener von Astrologen so viel zitierte Satz: »Ein guter Arzt muß immer auch ein guter Astronomus sein.« Dazwischen lebte der Bischof Isidor von Sevilla (560–636). Er schrieb, ein Arzt solle immer auch sternkundig sein. Erwähnt werden muß natürlich die berühmte weibliche Vertreterin einer sternenkundigen Heilkunst, Hildegard von Bingen (1098–1179). Sie war fasziniert von den Analogien zwischen Himmel und Erde, sammelte Kräuter, pflanzte sie im Klostergarten an und schrieb über die Wirkung der Mondphasen. Natürlich war die heilige Hildegard nicht der einzige weibliche astrologisch denkende Mensch. Aber ihr Name sei hier stellvertretend genannt für

all die Frauen, die als Tempelpriesterinnen, Nonnen und angebliche Hexen ihr ganzheitliches Wissen über die Jahrhunderte hinweg weitergegeben haben.
Bis ins 16. Jahrhundert dauerte die Hoch-Zeit der Astrologie. Beinahe alle angesehenen Denker – wie Platon und Aristoteles im Altertum, Naturwissenschaftler wie Nikolaus Kopernikus (1473–1543), Johannes Kepler (1571–1630) und Galileo Galilei (1564–1624) – dachten astrologisch und berechneten auch Horoskope. Am bekanntesten ist das von Kepler angefertigte Horoskop Wallensteins aus dem Jahr 1608. Die Astrologie wurde an den Universitäten gelehrt, und auch viele Bischöfe und einige Päpste förderten die Sternkunde. Wie es heute selbstverständlich ist, daß ein Naturwissenschaftler Einsteins Relativitätstheorie kennt und versteht, so war damals jeder denkende Kopf in der Astrologie bewandert.

DER NIEDERGANG

Bereits Ende des 16. Jahrhunderts hatte die Astrologie ihren guten Ruf in vielen Ländern Europas verloren. Es gab päpstliche Anordnungen wie die Bulle »Constitutio coeli et terrae« von 1586, in der ein Verbot der Astrologie ausgesprochen wurde, und die meisten Universitäten schafften ihren Lehrstuhl für Astrologie ab.
Worauf war dieser rapide Niedergang zurückzuführen? Es gibt sicher zahlreiche Gründe. Der wichtigste ist, daß sich der menschliche Geist von den Fesseln tradierter Vorstellungen zu befreien begann. Er löste sich mit der Reformation von Rom und später mit der Französischen Revolution von seinen königlichen und kaiserlichen »Göttern«. Da war es nur konsequent, sich auch von den »Göttern am Himmel« loszusagen. Der zweite Grund war der, daß sich im Laufe der Zeit grobe Fehler astrologischer Vorhersagen herumsprachen. So hatte es wohl keine Prophezeiung gegeben, die den Dreißigjährigen Krieg oder die Pest rechtzeitig in den Sternen sah. Der dritte Grund wird häufig von den professionellen Astrologen angeführt. Sie behaupten, daß die falschen Propheten, also die unseriösen Astrologen, der wahrhaften Sterndeutekunst das Aus bescherten. Eine Kunst wie die Astrologie lockt natürlich auch faustische Gestalten an, die davon besessen sind, dem Schicksal einen Schritt voraus zu sein. Solche Schwarmgeister

Die 1524 prophezeite Sintflut aufgrund einer Planetenballung im Fischezeichen fand nicht statt

und falsche Propheten haben der Astrologie bestimmt geschadet, besonders auch, weil durch die Erfindung der Buchdruckerkunst jede selbst noch so törichte Prophezeiung in einer hohen Auflage verbreitet werden konnte. Aber den guten Ruf der Astrologie haben letztlich auch sie nicht ruiniert.
Nein, es waren die Astrologen selbst. Als im 16. und 17. Jahrhundert durch immer neue Entdeckungen die Erde ihre zentrale Stellung verlor und sich ein völlig neues naturwissenschaftliches Verständnis durchsetzte, versuchte die Astrologie mitzuhalten und verlor wegen ihrer unhaltbaren Thesen jeden Kredit in den gelehrten Kreisen. Schon Kepler, der seiner Zeit um Jahrzehnte voraus war, hatte die Astrologen gewarnt und ihnen geraten, ihre Kunst nicht auf einen naturwissenschaftlichen, sondern auf einen philosophischen Boden zu stellen. Er sagte, es sei unmöglich, zu denken, daß die Sterne mittels irgendwelcher Strahlungen die menschliche Seele berühren könnten. Er sprach in diesem Zusammenhang von einem astrologischen Instinkt, der im menschlichen Geist verankert sei. Aber sein »psychologischer Ansatz« wurde überhört und ging schließlich völlig unter. Die Astrologen sahen sich im Gegenteil dazu veranlaßt, immer hanebüchenere »wissenschaftliche« Thesen aufzustellen. Die Folge war ein gewaltiges Gelächter der gesamten gelehrten Welt im 17. Jahrhundert, das bis heute noch nicht verklungen ist.

DER NEUBEGINN

Erst im 19. und dann besonders im 20. Jahrhundert besann sich der Mensch wieder vermehrt seiner fernen Vergangenheit. Der Schweizer Psychoanalytiker C. G. Jung etwa sagte, daß die Astrologen endlich darangehen müßten, ihre Projektionen, die sie vor Jahrtausenden an den Himmel geworfen hätten, wieder auf die Erde zurückzuholen. In jeder menschlichen Seele seien die Kräfte der astrologischen Archetypen, der archaischen Urbilder, enthalten und dort wirksam. So wird der Raum am Himmel mit den Zeichen und Planeten zu einer Landkarte menschlicher Anschauung. Dabei ist es nicht so, daß zum Beispiel der Planet Mars die Geschicke *bestimmt*, sondern er *zeigt* durch seine Position den Gesetzen der Analogie folgend *auf*, was in der menschlichen Seele vor sich geht.

Nach seiner jahrtausendelangen Reise heraus aus der Allverbundenheit hat der Mensch also begonnen, den Bezug zu seinen Ursprüngen wiederherzustellen. Er besinnt sich als kritischer und freier Geist darauf, was schon immer in ihm vorhanden war. Damit beginnt die Ära einer psychologischen oder philosophischen Astrologie. Und das ist auch die Geburtsstunde einer Astrologie, die ganzheitlich denkt und arbeitet.

In etwa parallel zu dieser allmählichen Hinwendung zur Psychologie und Philosophie übernahmen Computer mit entsprechender Software den komplexen Rechenvorgang zur Erstellung eines Geburtshoroskops. Bis vor vielleicht zehn, zwanzig Jahren gehörte es zum Standardkönnen eines jeden Astrologen, Horoskope zu berechnen und zu zeichnen. Dies ist sehr wahrscheinlich einer der Gründe, warum Frauen unter den Sterndeutern damals deutlich in der Minderzahl waren. Es ist einfach nicht ihr Metier, sich mit trockenen Zahlen und komplizierten Berechnungen herumzuschlagen, wo es doch um seelische Vorgänge geht – und diese Feststellung ist in keiner Weise abwertend gemeint, denn heute sind Frauen unter den Astrologen bei weitem in der Überzahl.

Der PC spuckt nach Eingabe von Name, Geburtsdatum, -ort und -zeit in Sekundenschnelle das Horoskop aus. Die astrologische Kunst scheint jetzt »nur« noch darin zu bestehen, die Konstellationen richtig zu deuten. Und auch hier ersetzt der Computer mehr und mehr den Astrologen. Es gibt schon seit einigen Jahren Programme, die mit entsprechenden Textbausteinen zu bemerkenswert treffenden Aussagen kommen. Ist dies nun das Ende der Sterndeuter? Ich meine: im Gegenteil! Überlassen wir dem »Computer-Astrologen« ruhig die Grundarbeit. Das spart Zeit. Dafür kann der »Mensch-Astrologe« die einzelnen Fakten im Sinne einer ganzheitlichen Schau zusammentragen und sich völlig dem Verständnis der einmaligen, individuellen Persönlichkeit widmen. Ebendafür ist ein großes Maß an Intuition, die ja gerade eine weibliche Stärke ist, mit Sicherheit von Vorteil.

Teil I DAS TIERKREISZEICHEN

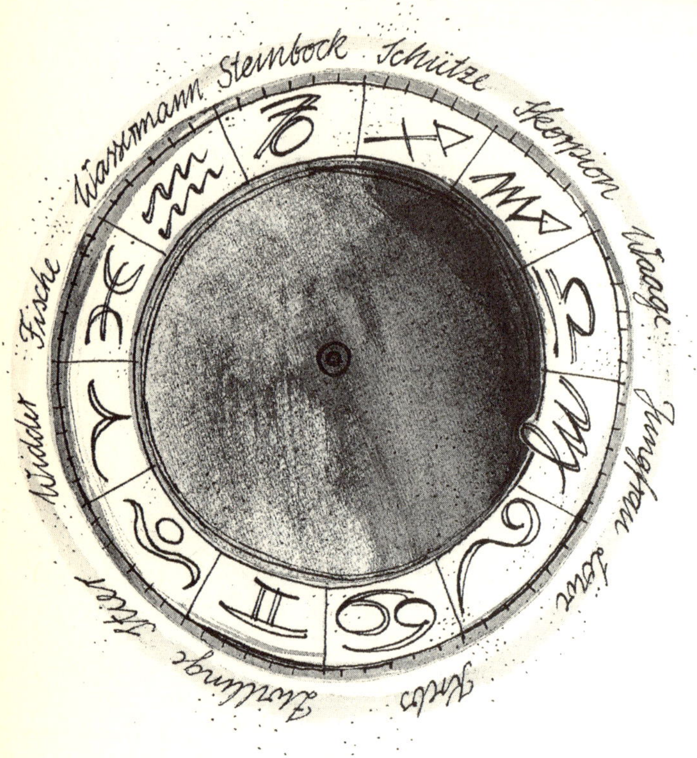

Der astrologische Tierkreis besteht aus zwölf Tierkreiszeichen

WAS IST EIGENTLICH EIN TIERKREISZEICHEN?

Die Erde dreht sich bekanntlich einmal im Jahr um die Sonne. Von uns aus gesehen, scheint es aber so zu sein, daß die Sonne eine kreisförmige Bahn um die Erde beschreibt. Der Astrologie wird vielfach vorgeworfen, sie ignoriere diesen grundlegenden Unterschied. In Wirklichkeit ist er für die astrologischen Berechnungen und Horoskopdeutungen jedoch nicht von Bedeutung.

Diesen in den Himmel projizierten Kreis nennt man »Ekliptik«. Die Ekliptik wird in zwölf gleich große Abschnitte gegliedert, denen die Namen der zwölf Tierkreiszeichen zugeordnet sind. Zwischen dem 24. August und 23. September durchläuft die Sonne gerade den Abschnitt Jungfrau, weswegen dieses Tierkreiszeichen auch Ihr »Sonnenzeichen« genannt wird.

Jedes Tierkreiszeichen symbolisiert bestimmte Charaktereigenschaften und Verhaltensweisen, die mehr oder weniger typisch für die in dem betreffendem Zeitraum geborenen Menschen sind. Wie schon im Vorwort angedeutet wurde, handelt es sich bei diesen Archetypen allerdings nur um *einen* Aspekt der Persönlichkeit, der durch die Aussagen ergänzt bzw. beeinflußt wird, die sich herleiten von dem individuellen Aszendenten und der Tierkreiszeichen-Stellung der anderen Planeten zum Zeitpunkt der Geburt (dazu später mehr). Für ein wirklich aussagekräftiges Horoskop müssen Sie also auch die übrigen Konstellationen berücksichtigen und sie mit Ihrem Sonnenzeichen in Beziehung setzen.

Ebenso wie der Kreislauf des Jahres wird die Bahn, welche die Sonne an einem Tag scheinbar um die Erde zurücklegt, in zwölf Abschnitte gegliedert. So können etwa Ihr Aszendent und damit der Anfang des ersten Hauses sowie die Mondposition gefunden werden.

In diesem Buch werden nicht alle, aber die wichtigsten Horoskopfaktoren sowie ihre Ermittlung und Bedeutung besprochen. Wenn Sie darüber hinausgehende Informationen wünschen, finden Sie eine Fülle spezieller Fachliteratur dazu. Die genauen Gestirnspositionen zum Zeitpunkt Ihrer Geburt können Sie zum Beispiel den vom Computer errechneten Horoskopzeichnungen entnehmen, die inzwischen von vielen Anbietern verschickt werden (siehe auch die Info am Ende des Buches).

Doch beginnen wir jetzt mit der Betrachtung Ihres Sonnenzeichens, um zunächst einmal herauszufinden, was denn nun »typisch Jungfrau« ist.

Jungfrau

Tierkreiszeichen Jungfrau –

DER HINTERGRUND

Jedes einzelne der Tierkreiszeichen symbolisiert jeweils eine bestimmte existentielle Seinsweise, und jeder Abschnitt greift das Thema des vor ihm liegenden auf und entwickelt es weiter. Die Jungfrau ist das sechste Zeichen in diesem Zyklus. Unmittelbar vor ihr befindet sich der Löwe. Er verkörpert die Kulmination des Ichs. So wie der Löwe der König der Tiere ist, zeigen Lövegeborene etwas von einer königlichen Selbstverständlichkeit. Löwemenschen, einmal idealtypisch betrachtet, genügen sich selbst, leben im Hier und Jetzt und nehmen aus ihrer Umwelt nur das wahr, was zu ihrer Bedürfnisbefriedigung und Wunscherfüllung taugt.
Die Jungfrau als darauffolgendes Zeichen greift diese Thematik auf und führt sie weiter, indem sie die Ichhaftigkeit mit der Wirklichkeit aller anderen Existenzen und mit der Vergänglichkeit konfrontiert.

Aus dem »Ich bin, was ich bin« des Löwen wird »Ich bin, was ich kann«, und aus dem »Ich lebe im Jetzt« wird »Ich lebe mit der Zeit, die ist und die kommt«. Die Jungfraumenschen kennen zweifelsohne das Löweprinzip, sie tragen es in sich, aber sie haben es zugleich verloren, weil sie wissen, es ist nicht das einzige und allein gültige. Daß sie über das Hier und Jetzt hinausschauen können, macht sie weise, aber auch melancholisch, nachdenklich und verhalten. Sie haben sozusagen das »Paradies der Selbstverständlichkeit« verloren.

Mit der Jungfrauzeit weicht der Sommer. Die ersten Nebel künden vom Wechsel der Jahreszeit. Obwohl er noch Monate entfernt ist, mahnt der Winter.

Auf das menschliche Leben bezogen, spiegelt der Löwe die herrliche Jugendzeit der Sechs- bis Zehnjährigen wider, dieses in der Regel kolossale ungebrochene Selbstverständnis, dieses selige Gefühl, ein Leben ohne Ende zu genießen. Die Jungfrau steht für die Pubertät und die Freuden des Erwachsenwerdens. Sie symbolisiert aber auch die Qual der Erkenntnis, immer älter zu werden und irgendwann zu vergehen. Die Endlichkeit des Lebens und das Wissen um den Zyklus Geburt, Kindheit, Jugend, Alter, Tod ist ein zentrales Thema der Jungfraumenschen.

Auf die Jungfrau folgt die Waage, welche die Vollendung des Außenraums, des Du, die anderen symbolisiert. Dieses Du und auch die Wirklichkeit draußen (der beginnende Herbst sowie der sich mit ihm ankündigende Winter, das Alter und der Tod), das alles steht vor dem Jungfrausymbol wie ein riesengroßes Frage- und Ausrufezeichen zugleich. Hautnah berührt es die Jungfrau, es mahnt und droht.

ZWISCHEN DEN WELTEN

Bildlich gesprochen könnte man die Zeichen Widder bis Löwe auch mit den Bewohnern einer Stadt vergleichen, die von hohen Mauern umgeben ist. Die Zeichen Fische bis Waage wiederum wären dann die Leute außerhalb. Innerhalb herrschen Frühling und Sommer, pulsiert das Leben. Außerhalb sind Herbst und Winter, dort wohnen die Angst, die Nachdenklichkeit, das Alter und der Tod. Diejenigen, die innerhalb der Stadtmauern leben, kümmert es wenig, was draußen geschieht. Selbst wenn einer von ihnen stirbt, nimmt ihnen das höchstens vorübergehend das herrliche Gefühl, am Leben zu sein. Die draußen Verweilenden wiederum können zwar in die Stadt hinein, aber das Leben dort interessiert sie wenig, es erscheint ihnen zu »platt«, zu unbeschwert, zu seicht, zuwenig tief. Natürlich kennen auch die von außerhalb, also die Tierkreiszeichen Waage bis Fische, das Gefühl ausgelassener Freude, aber eher flüchtig, sie wissen, daß »Spaß ohne Ende« und ein Leben von Moment zu Moment keine zentralen Themen des Daseins sind.

Die Jungfrau befindet sich am Übergang. Sie ist sowohl drinnen in der Stadt als auch draußen. Sie kennt die unbeschwerten Freuden genauso wie Tiefe und Vergänglichkeit. Sie gehört jedoch weder richtig zum inneren noch zum äußeren Kreis. Sie hat eine eher neutrale Position, beobachtet, nimmt wahr, zieht daraus Schlüsse, versucht zuweilen, die von »drinnen« mit jenen von »draußen« zu verbinden, eine Verständigung herzustellen. Ja, in der Tat, die Jungfrau ist die einzige im ganzen Tierkreis, die alle anderen versteht. Das Wort »Vernunft«, aus dem Alt- bzw. Mittelhochdeutschen für »vernehmen, erfassen, wahrnehmen«, ist das Kennzeichen der Jungfrau, ebenso das Wort »verstehen« im Sinne von »Verstand gebrauchen« und »an (jemandes) Stelle stehen«. Das Jungfrauzeichen symbolisiert Übergang, Distanz, Vorsicht (gemeint als »voraussehen, was kommt«) und Einsicht (verstanden als »Einsehen und Fühlen, was drinnen vor sich geht«).

Aber dies isoliert die Jungfrau auch. Sie fühlt sich nirgends richtig zugehörig, zu Hause. Ihr zuweilen melancholischer Zug hat hier seine Wurzeln; die Jungfrau ist traurig, weil sie irgendwie stets zwischen den Stühlen hockt. Auch ihre Bescheidenheit beruht darauf. Sie überläßt anderen den Vortritt, und sie stellt häufig ihr Licht unter den Scheffel – weil sie sich nicht als so wie die übrigen fühlt.

Ein weiteres Beispiel, das die uneindeutige Existenz der Jungfrau beschreibt, ist das mythische Symbol des Merkur oder Hermes, wie er bei den Griechen hieß. Das gleichnamige Gestirn ist der herrschende Planet des Jungfrauzeichens. Er gilt er als Vermittler zwischen den Welten, nämlich der göttlichen und der menschlichen.

Hermes bzw. Merkur war der Sohn von Zeus und der Nymphe Maia. Als Götterbote besaß er geflügelte Sandalen und einen geflügelten Hut, und er trug einen goldenen Kerykeion oder magischen Stab. Hermes überbrachte also den Willen seines Vaters Zeus. So führte er zum Beispiel in dessen Auftrag Hera, Athene und Aphrodite zum Idagebirge, wo Paris, der Sohn des Priamos, seine schwierige Entscheidung treffen

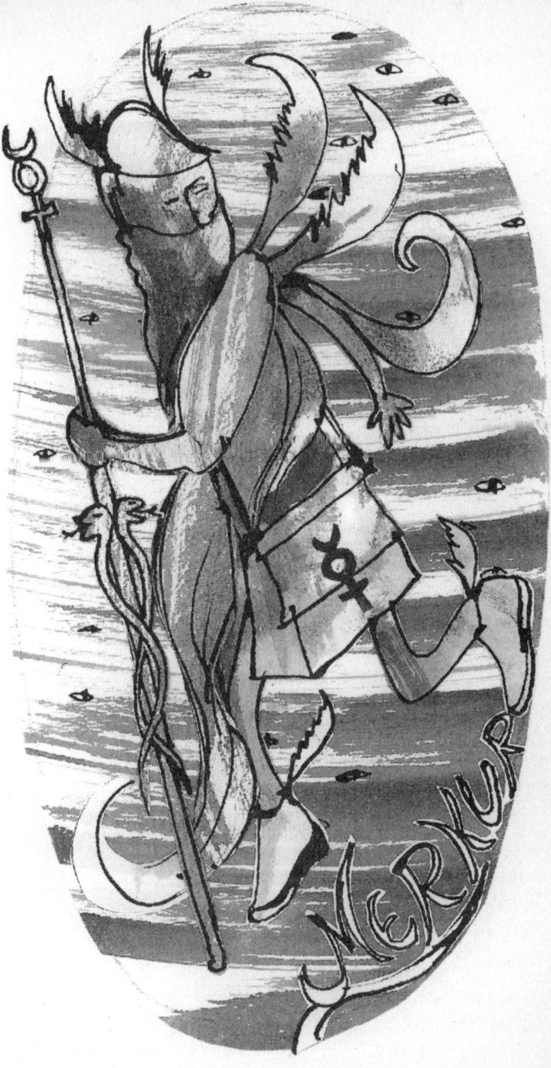

Merkur, der Götterbote, ist der herrschende Planet aller Jungfraugeborenen

mußte, den goldenen Apfel der schönsten der Frauen zu überreichen, was später zum Trojanischen Krieg führte.
Merkur kann man also auch als so etwas wie einen »Doppelagenten« auffassen, zu Hause bei den Menschen wie bei den Göttern. Und ähnlich ist auch das Jungfrauprinzip nirgends richtig daheim.
Was wird nun aus solchen Menschen, die im Zeichen der Jungfrau geboren sind? Wie gehen sie um mit diesem Widerspruch, sowohl »drinnen« (oder unter den Menschen) wie »draußen« (oder unter den Göttern) zu sein, zugleich aber weder dem einen noch dem anderen anzugehören?
An erster Stelle stehen Denker. Die Position, zwischen den Welten zu stehen, prädestiniert Jungfrauen regelrecht dazu, über das Leben nachzudenken, zu versuchen, den Sinn des Daseins zu erfassen und ihn zu verstehen. Im Unterschied zu Waagemenschen, die ebenfalls dem Leben rational begegnen, kennt die Jungfrau auch das innige Gefühl von »drinnen« (aus der »Stadt« der Zeichen Widder bis Löwe). Von daher ist die Jungfrau keine abstrakte Denkerin wie die Waage, sondern eine gefühlvolle, keine, welche die Wirklichkeit nur beschreibt, sondern eine, die sie auch fühlt. Auf diese Eigenschaft trifft man bei Lyrikern und Dichtern, und wir sind damit beim Dichterfürsten schlechthin angelangt, der Jungfrau Johann Wolfgang von Goethe. Wie wohl kein anderer verstand er es, die Wirklichkeit sachlich und dennoch gefühlvoll zu erfassen, objektiv und zugleich subjektiv zu sein. Selbst in seinen wissenschaftlichen Studien, zum Beispiel der Farbenlehre, spielt die Subjektivität und damit die Gefühlswirklichkeit eine zentrale Rolle.
Hier noch einige andere Jungfrauberühmtheiten der schreibenden Zunft: der Erzähler Eduard Mörike, der Bestsellerautor Stephen King, der Dichter Theodor Storm, die Schriftsteller James F. Cooper, Leo Tolstoi und Franz Werfel.
Ein weiteres Lieblingsfach von Jungfraumenschen ist Philosophie. Mir sind zwar nur zwei berühmte Philosophen unter den Jungfrauen bekannt, nämlich Georg Wilhelm Friedrich Hegel und Johann Gottfried von Herder, aber ich bin überzeugt davon, daß in jeder Jungfrau ein (mehr oder weniger entwickelter) Philosoph steckt. Das Leben und die Welt zu begreifen, über ihr zu stehen und zugleich mittendrin zu sein, das ist die Position der Jungfrau. Und diese Stellung veranlaßt sie regelrecht zum Philosophieren.
Was machen Jungfrauen noch? Sie werden Strategen. Im Grunde sind die 24 Stunden eines Tag-und-Nacht-Zyklus für eine Jungfrau mehr

oder weniger ein Unternehmen, das zwar meistens aus Routine besteht, aber zu jeder Sekunde in einen Kampf übergehen kann. Daher ist bei allen Vertretern dieses Zeichens die Alarmanlage ständig eingeschaltet. Selbst wenn sie schläft, kann die Jungfrau nicht sicher sein, daß nicht irgend etwas Unvorhergesehenes geschieht. Daher schläft sie nie tief und kann sich innerhalb von Sekunden aus einem Schlaf- in den Wachzustand katapultieren.
Während einer Therapiesitzung mit einer Jungfrau trat diese »Allzeit-bereit-Mentalität« besonders deutlich zutage. Der Mann war ein Schlafwagenschaffner. Seine Aufgabe bestand unter anderem darin, nachts wach zu bleiben und die Gäste zu betreuen. Damit diese Schaffner während der Dienstzeit nicht ein Nickerchen machen, werden sie vom Zugschaffner in unregelmäßigen Abständen kontrolliert. »Während meiner zehnjährigen Dienstzeit habe ich jede Nacht geschlafen, und zwar liegend«, sagte er mir einmal. »Ich wurde viele hundertmal kontrolliert. Aber niemand hat mich je schlafend angetroffen. In der Sekunde, bis die Tür zu meinem Abteil richtig geöffnet war, saß ich bereits aufrecht auf meiner Liege mit einem Block in der Hand.«
Stets die richtige Strategie parat zu haben und mit allem zu rechnen, das braucht man zum Beispiel auch beim Fußball, und heute, wo sich Meisterschaften immer mehr in taktischen Spielen erschöpfen, mehr denn je. Ist es da verwunderlich, daß Franz Beckenbauer, der »Fußballkaiser«, eine Jungfrau ist? Im gleichen Atemzug ist Günter Netzer zu nennen, der während der Weltmeisterschaft 1998 in Frankreich durch derartig gekonnte Strategieanalysen im Fernsehen auffiel, daß man ihn schon als neuen Trainer der deutschen Nationalmannschaft handelte.
Und in noch eine Tätigkeit läßt sich diese Sichtweise einbringen – in die Astrologie. Ein Astrologe muß überall zu Hause sein, damit er beispielsweise einen Widder genauso verstehen kann wie einen Fischegeborenen. Dabei reicht es nicht, wenn er über die einzelnen Tierkreiszeichen theoretisch Bescheid weiß; er will ja jedem einen Weg zeigen können. Er muß sich daher auch in die Situation des anderen hinein*spüren.*
Waagemenschen sind ebenfalls Meister darin, sich in andere hineinzuversetzen. Im Unterschied zu Jungfraugeborenen benutzen ihre typischsten Vertreter aber weit überwiegend den Verstand; sie sind damit zweifelsohne objektiver und genauer, aber es fehlt ihnen der emotionale Bezug, den wiederum die Jungfrau überaus vortrefflich her-

Jungfrauen stellen ihr Licht gerne unter den Scheffel

stellt. Waagen sind daher phantastische Rechtsanwälte, Jungfrauen hingegen werden gute Psychologen und – wie gesagt – Astrologen. Einige Beispiele: Walter Koch, nach dem das gleichnamige Häusersystem benannt wurde, Fritz Riemann, der als Psychoanalytiker und Astrologe der Astrologie zu einem deutlich besseren Ruf verholfen hat, Liz Greene, die durch zahlreiche Veröffentlichungen und Seminare in der ganzen Welt bekannt ist.

Natürlich werden Jungfrauen mit ihrer Fähigkeit, objektiv und subjektiv zugleich sein zu können, nicht nur Schriftsteller, Fußballtrainer und Astrologen, sondern – und das viel häufiger – Wissenschaftler, Organisatoren, Verwaltungsfachleute, Sekretärinnen und ähnliches, aber darüber wird im Kapitel »Beruf und Karriere« ausführlich gesprochen. Wenn Sie eine Jungfrau sind, dann werden Sie also überall und nirgends zu Hause sein. Das macht Sie unglaublich anpassungs- und wandlungsfähig. Vielleicht sind Sie das wandelbarste Tierkreiszeichen überhaupt. Es ist Ihre große Kunst, sich an äußere Bedingungen heranzutasten und sie zu übernehmen. Es wäre jedoch unfair, Ihnen ein

»Wetterfahnensyndrom« vorzuwerfen oder zu behaupten, Sie hängten Ihr Mäntelchen nach dem Wind. Nein, ganz falsch! Sie sind wandelbar, weil Sie mehrere Persönlichkeiten in sich tragen. Ihr großes »Vorbild« ist der bereits oben erwähnte sagenhafte Hermes/Merkur. Er tritt mit dermaßen vielen Gesichtern auf, daß man sich wirklich fragt, wie sich das alles vereinbaren läßt: Er führte die Seelen der Toten in die Unterwelt. Er besaß magische Kräfte über Schlaf und Träume. Hermes war auch der Gott des Handels sowie der Beschützer der Händler und Herden. Als Gott der Athleten sorgte er für den Schutz der Sportstätten, und man machte ihn für Glück und Wohlstand verantwortlich. Trotz seiner tugendhaften Eigenschaften war Hermes auch ein Gauner und Dieb. Noch am Tag seiner Geburt stahl er das Vieh seines Bruders, des Sonnengottes Apollon, und verwischte die Spuren, indem er die Herde rückwärts laufen ließ. Als er zur Rechenschaft gezogen wurde, gab Hermes dem Bruder die Leier, die er ebenfalls am Tag seiner Geburt erfunden hatte. Somit gilt er auch als der Schutzpatron aller Barden und Bänkelsänger.
Ist also die Vielseitigkeit der Jungfrau als Einzelwesen schon beachtlich, so kann man über ihre Variabilität innerhalb der »Gattung« nur noch staunen. Meines Erachtens gibt es kein anderes Tierkreiszeichen, das so unterschiedliche Persönlichkeiten aufweist. Gerade deswegen, weil das Zeichen selbst keinen bestimmten Charakter oder Typus verlangt, können sich Jungfraumenschen freier entwickeln als andere: Der durch seine scharfen und feinsinnigen Analysen bekannte CDU-Politiker Wolfgang Schäuble, der ehemalige politische Poltergeist aus Bayern, Franz Josef Strauß, die Schauspieler(innen) Sean Connery, Greta Garbo, Mario Adorf, Sophia Loren, Ingrid Bergman, Raquel Welch oder Richard Gere, der durch seine »Magic Shows« bekannt gewordene Illusionskünstler David Copperfield, der Extrembergsteiger Reinhold Messner, der Dirigent und Komponist Leonard Bernstein, die Pädagogin und Ärztin Maria Montessori, der Märchenkönig Ludwig II., der Marathonläufer Emil Zatopek, die TV-Moderatorin Sabine Christiansen, die Nonne Mutter Teresa, der Popstar Michael Jackson, das Starmodel Claudia Schiffer und ihr »Entdecker« Karl Lagerfeld und die bereits erwähnten Jungfrauen Beckenbauer und Netzer.

DIE GUTEN INS TÖPFCHEN – DIE SCHLECHTEN INS KRÖPFCHEN!

Wie noch an anderer Stelle ausführlich erörtert wird (siehe das Kapitel »Gesundheit und Fitneß«), symbolisiert das Jungfrauprinzip in der Astromedizin den Vorgang der Verdauung im Darm. Diesem Organ obliegt die Aufbereitung und Aufnahme von lebenswichtigen und die Ausscheidung der nicht verwertbaren Stoffe. Der Verdauungsvorgang wird hier lediglich deshalb erwähnt, weil er aufs trefflichste einige weitere Charaktereigenschaften der typischen Jungfrau widerzuspiegeln vermag.

Genau wie der Darm auf einer Strecke von etwa vier bis sieben Metern den Speisebrei aufnimmt, umschließt und verarbeitet, so begegnen auch Jungfrauen dem Leben aufnehmend, anpassend, verarbeitend und selektierend. Und ebenso wie die Darmtätigkeit niemals ruht, sondern durch den ununterbrochenen Vorgang der Peristaltik den Speisebrei weiterbefördert, so ist auch die Jungfrau entweder mit Füßen, Händen oder wenigstens in Gedanken ständig aktiv. Selbst im Tiefschlaf ist sie »auf dem Posten«. Dabei hat sie eine ungeheuer rasche Regenerationsfähigkeit; sie kann bis zur Erschöpfung arbeiten, erholt sich dann aber wieder in kürzester Zeit.

Der normale Arbeitstag einer Jungfrau ist in jedem Fall länger als der aller anderen. Ich kenne Jungfrauen, die bis zu sechzehn Stunden am Tag schaffen, und das werktags wie sonntags. Das klingt nur schrecklich, wenn man nicht mit einbezieht, daß die Jungfrau gern arbeitet und im Beruf ihre Lebenserfüllung sieht – was er aus astrologischer Sicht auch tatsächlich ist.

Sind im Darm keine verwertbaren Stoffe mehr enthalten, setzt er Alarmsignale und versucht, diesen Zustand so rasch wie möglich zu beenden. Ganz ähnlich reagiert die Jungfrau, wenn der Lebensstrom um sie herum versiegt. Für sie wird es schier unerträglich, wenn nichts los oder sie allzuviel allein ist. Sie braucht eine bestimmte psychische Reizung, damit sie sich nicht überflüssig und leer vorkommt. Sie beschleicht ebenso rasch das Gefühl, etwas zu versäumen, wobei diese Angst wiederum eine sinnbildliche Übertragung der Darmtätigkeit ist. Im Darm werden nämlich zunächst einmal grundsätzlich *alle* Stoffe auf ihre Verwertbarkeit hin untersucht.

Genauso wichtig ist es aber auch, daß man die Jungfrau nicht mit Eindrücken überhäuft, weil sie ansonsten in ihrer selektierenden Systematik überfordert wird. Sie reagiert auf Reizüberflutung schnell panisch und desorientiert.
Im sozialen Verbund fallen Jungfrauen durch ihre Kritikfähigkeit auf. Einen Vorschlag oder eine gewagte Idee untersuchen sie zuerst auf eventuelle Fehler hin. Sie übernehmen also auch im sozialen Leben eine Funktion vergleichbar der Darmwand, die den Organismus davor bewahren möchte, schädliche Stoffe aufzunehmen: Jungfrauen sind allem Neuen gegenüber grundsätzlich skeptisch und beginnen zuerst mit einer Analyse, bis sie das Neue in bekannte Teile zerlegt haben.
Jede Jungfrau folgt in ihrem Leben – wieder ähnlich dem Darm – einem Ordnungsprinzip. Allerdings darf man die Systematik und Ordnung von Jungfrauen nicht zu oberflächlich verstehen, sonst ist man immer wieder verwundert über ihre äußerliche Unordentlichkeit. Eine schriftstellerisch tätige Jungfrau kann in einem totalen Chaos leben und trotzdem immer finden, was sie sucht. Genauso kann sie es als unsinnig erachten, das Geschirr nach dem Abspülen einzuräumen. Warum auch? Es wird ja doch wieder benutzt …
Letztlich ist die Darmtätigkeit ein wichtiger Schritt in der Kette der Verwandlung »toter« Materie in Muskelkraft, Herzschlag, Gehirntätigkeit – mit einem Wort: in Leben. Die Verdauung ist im Grunde ein Wunderwerk der Lebenserschaffung und -erhaltung. Und so begegnet auch eine Jungfrau der Schöpfung stets mit Respekt, ja mit Andacht. Sie ahnt, daß sie eine Funktion in der Gemeinschaft hat: dem Leben zu dienen, das Niedere zu erhöhen, aus Stofflichem Leben zu schaffen, letzten Endes Materie in Geist zu transformieren.

Liebe, Sex UND PARTNERSCHAFT

Unter einer Jungfrau versteht man im allgemeinen Sprachgebrauch eine Frau, die noch nie einen Geschlechtsakt gehabt hat, also »unbefleckt« ist, wie es auch heißt – für ein junges Mädchen ein völlig natürlicher Zustand. Bei einer Frau, an der, sagen wir einmal, über zwanzig oder dreißig Lenze vorbeigingen, ohne daß sie jemals mit einem Mann »geschlafen« hätte, ist dies eher ungewöhnlich. Es gibt allerdings Menschen, denen man das Jungfrausein selbst im hohen Alter nicht nur nachsieht, sondern denen man deswegen sogar besondere Ehre zuteil werden läßt: Klosterfrauen, die sich einem zölibatären Lebenswandel verpflichtet haben. Die höchste Form dieses Keuschheitsideals verkörpert nach christlicher Auffassung die Jungfrau Maria, deren unbefleckter Empfängnis Jesus Christus entstammt. Aus vergangener Zeit erreicht uns aber auch noch das Bild von anderen »Jungfrauen«: solche, die in Tempeln lebten und in der Kunst der Liebe ausgebildet waren. Zu ihnen gingen Männer, um dort höchste sexuelle Befriedigung und Erfüllung zu erlangen.

Ein(e) Jungfraugeborene(r) trägt all diese Spielarten des »Jungfrauseins« in sich. Zunächst verhält er/sie sich der Liebe gegenüber tatsächlich wie pubertierende Dreizehnjährige, die zum ersten Mal eine Packung mit Präservativen sehen. Alles, was mit Sex, Liebe, Nacktheit, Vereinigung, Verhütung, dem Kindermachen und -bekommen zu tun hat, löst viele Ahs, Ohs und Ihs aus. Das heißt um Gottes willen nicht, daß Jungfrauen prüde wären. Im Gegenteil! Aber sie begegnen der Liebe mit einer Mischung aus Unschuld, Naivität und Kindlichkeit. Egal, wie oft eine Jungfrau schon verliebt war, für sie ist es jedesmal wieder wie das erste Mal. Und gleichgültig, mit wie vielen Männern bzw. Frauen sie schon im Bett war, immer wieder zelebriert sie es, als handle es sich um ihre absolute Liebespremiere. Das ist das Reizende an ihr, sie bleibt innerlich jung, frisch, verliebt wie ein Backfisch – selbst wenn sie hundert Jahre alt werden sollte.

Vor einiger Zeit verfaßte ich einen astrologischen Beitrag für eine Frauenzeitschrift. Anhand einer Tabelle konnten die Leserinnen ihre eigene Venusposition herausfinden. Aus Platzgründen reichte die Tabelle nur bis zum Jahr 1950. Man bot aber den anderen Leserinnen an, sie könnten sich beim Verlag – und damit bei mir – ihre Venusposition

berechnen lassen. Es kam eine wahre Flut von Anfragen, darunter auch von Damen, die bereits über achtzig Jahre alt waren. Neugierig geworden, stellte ich eine kleine Statistik auf: Von den Leserinnen, welche ihre Siebzigerjahre bereits hinter sich gelassen hatten, waren genau die Hälfte Jungfraugeborene ...!
Im ungünstigen Fall kann einem diese ewige »Jungfräulichkeit« allerdings auch ganz schön auf die Nerven gehen, beispielsweise dann, wenn man Intimität, Hingabe und Leidenschaft sucht und immer wieder am Anfang steht.
Während es – darauf würde ich wetten – unter Jungfraugeborenen bestimmt nicht mehr echte Jungfrauen gibt als unter den anderen elf Tierkreiszeichen, existieren unter ihnen unverhältnismäßig viele Menschen, die keine eigenen Kinder haben. Das bedeutet nicht, Jungfrauen seien schlechte Väter oder Mütter. Es besagt nur, daß sie offenbar einen geheimen Plan erfüllen, nämlich sich nicht durch Vater- oder Mutterpflichten von ihren eigentlichen Aufgaben zu entfernen, die da lauten: allzeit bereit und offen zu sein und dem Höheren zu dienen! Sie übernehmen hingegen gern den Nachwuchs anderer Leute. Ich kenne zig Jungfrauen, die Kinder adoptiert oder einen Partner genommen haben, der bereits seine eigenen Sprößlinge hatte. Damit ist die Jungfrau wieder »im Plan«, sie greift eine Aufgabe auf und löst sie praktisch. Jungfrauen, die selbst Kinder in die Welt setzen, tun dies fast nie »für sich«, sondern für ihren Partner, ihre Eltern oder ihre Schwiegereltern.
Jungfrauen bekommen zuweilen tatsächlich auch Sprößlinge, die zumindest vom Muster her an die heilige Jungfrau Maria erinnern: Das Baby ist etwa gezeugt von einem Mann, den sie nur einmal kurz gesehen haben, vielleicht sogar lediglich während dieser alles entscheidenden Liebesnacht. Oder sie verbinden sich mit einer Frau, die bereits von einem anderen Mann schwanger ist.

DIE BEZIEHUNGS- UND BINDUNGSFÄHIGKEIT DER JUNGFRAU

Der Sommer ist vorbei, wenn Jungfrauen auf Erden »landen«, und damit auch die Zeit, in der man nach Lust und Laune sein kann, wie's einem gerade zumute ist. Jetzt überleben nicht mehr die Grillen, die schön sind und wundervoll singen, sondern die Ameisen, die nur arbeiten! Nein, unter den typischen Jungfrauen finden Sie keine Don Juans und keine Barbarellas, sie sind schüchtern. Sie wissen ja nicht einmal richtig, wohin sie gehören und wer sie sind, geschweige, wie man Kontakt zu einem anderen Menschen aufnimmt, wie man Beziehungen stiftet, wie man küßt ... Sie verhalten sich auch ungeschickt, haben beim ersten Rendezvous einen Fleck auf dem Hemd und stolpern, wenn sie jemanden zum Tanz auffordern, über ihre eigenen Beine.

Derartige Kunstfehler sind die Folge ihrer Überkontrolle. Weil sie ihre Unsicherheit überspielen und versuchen, ganz natürlich zu sein, schießen sie einen Bock nach dem anderen. Woody Allen ist zwar vom Tierkreiszeichen her ein Schütze, aber sein Aszendent ist die Jungfrau. Und den lebt er wohl vor allem in seinen Filmen aus – diese sind wiederum ein »Muß« für alle Jungfraugeborenen und Menschen, die Jungfrauen lieben.

Die Jungfrau gibt die Kontrolle nie ganz aus der Hand

Dazu kommt, daß eine Jungfrau sich selbst eher schlechtmacht als aufbaut. Wie soll man da auf einen anderen Menschen zugehen und ihm sagen, daß man ihn liebt? Für ihre Beziehungsfähigkeit hinsichtlich der Kontaktaufnahme bekommt sie daher eine glatte Vier. Um so größer ist dann aber die Freude, wenn der andere sich ob der Liebesbezeugung einer Jungfrau nicht umdreht oder lauthals loslacht, sondern seine Arme ausbreitet und sein Herz öffnet: Sie ist dann im siebten Himmel. Und da der andere in aller Regel weitaus weniger kritisch ist als sie selbst, erlebt eine Jungfrau während des Verliebtseins einen wahren Sommerregen an wunderschönen Gefühlen.

Kommen dann Alltag und Routine, mausert sich die Jungfrau normalerweise zu einem tollen Partner. Sie ist verständnisvoll, kompromißbereit, einfühlsam, bescheiden. Ein Jungfraumann spielt niemals den Pascha, und eine Frau wird sich niemals wie eine Matrone aufführen und ihren Mann zum Handlanger und Sklaven degradieren.

Für die Beziehungsfähigkeit in einer bestehenden Verbindung gibt es daher eine Zwei. Warum es zu keiner Eins reicht? Weil die Jungfrau trotz allen Verständnisses zuweilen kritisch bis zur Schmerzgrenze sein kann, und je länger die Bindung währt, um so mehr Gebrauch macht sie von dieser Beckmesserei. Sie mischt sich überall ein, und sie krittelt an allem herum. Er: »Bist du wahnsinnig, du fährst wieder viel zu weit links ...!« Sie: »Zieh bloß das Hemd aus, das steht dir ja überhaupt nicht ...!« Er: »Bist du verliebt? Der Salat ist versalzen ...!« Sie: »Mach was gegen deinen Mundgeruch ...!« Und so weiter, und so fort – bis in alle Ewigkeit ...

Ehrlich, das Zusammenleben mit ihr wäre die Hölle, würden nicht neunzig von hundert Jungfrauen selbst darunter leiden und sich immer wieder für diese Unart entschuldigen. Partner von Jungfrauen brauchen daher ein dickes Fell. Nur wenn sie wissen, daß es letztlich gar nicht so gemeint ist, daß diese Kritiksucht dem Überlebensprinzip der Jungfrau entstammt, können sie dennoch mit ihr zusammenleben.

Aber es gibt eine weitere Sache, welche auch die Bindungsfähigkeit der Jungfrau notenmäßig verringert, nämlich auf eine Drei minus: ihre Untreue. Doch darüber soll später noch gesprochen werden.

IST DIE JUNGFRAU GUT IM BETT?

Kommen wir jetzt zu jenen geheimnisvollen Tempelfrauen, den Liebeskünstlerinnen oder auch -dienerinnen, die in jeder Jungfrau schlummern. Aus der fernen Vergangenheit weiß man wenig: Bruchstücke von Informationen, mehr Mythen als Fakten. Immer geht es dabei um Frauen, die verpflichtet waren, der Liebe zu dienen. Männer hatten Zugang zu diesen Tempeln und wurden wohl aufs köstlichste bedient, erfuhren unvorstellbare Wonnen, Badeorgien, Eßgelage, Körpermassagen, Verkehr mit mehreren Frauen zugleich ...

Was sich aus der Vergangenheit nur wie ein Gerücht erhalten hat, wurde in der Seele allerdings sehr viel gründlicher aufbewahrt und weitergegeben. Wer die tieferen Schichten seiner Psyche bereist, findet auch diesen Aspekt der Liebesdienerin und -göttin. Sie schlummert in jedem Menschen, ist jedoch bei Jungfrauen besonders ausgeprägt.

In der Praxis sieht es so aus, daß die Vertreter dieses Tierkreiszeichens mehr als alle anderen an Liebestechniken interessiert sind – allerdings, und das muß betont werden, nicht an seelenloser Nummernmechanik. Vielmehr praktiziert die Jungfrau beim Liebesspiel das gleiche, was sie auch sonst im Leben versucht: ihre Emotion zu kontrollieren, dieses Mal aber nicht, um sie zu unterbinden, sondern zu kultivieren. Die Jungfrau macht Liebe und lernt dabei, es immer besser zu machen, weil sie ihren jungfräulichen »Controlletti« niemals ganz ausschaltet: Sie spürt mit, ist bewußt, fällt nicht in einen schier bewußtlosen Sinnentaumel. So, als würde sie ein wunderschönes Instrument zu spielen lernen, so, als ginge sie in eine Liebesschule. Neugierig wie ein Kind studiert sie ihren Körper und den ihres/ihrer Geliebten, experimentiert, um herauszufinden, welche Stellen am meisten Spaß machen und Lust bereiten.

Scheinbar leidenschaftslos studiert sie neue Stellungen, probiert immer wieder andere Stimulationen, spielt mit ihren Händen, ihren Lippen, ihrer Zunge, alles will sie kennenlernen. Jungfrauen haben allesamt das Zeug zum Tantriker, sie lieben Techniken, wie sie im Kamasutra beschrieben sind. Sie glauben, daß Liebe und Sexualität nicht nur dafür geschaffen wurden, um Nachfahren zu zeugen. Sie sind überzeugt, daß durch Liebe ein höherer Zustand von Bewußtheit erreicht werden kann. Sind das nicht wundervolle Voraussetzungen, um mit einer Jungfrau Liebe zu machen?

ÜBER DIE TREUE DER JUNGFRAU ...

Es wurde bereits angedeutet, daß die Jungfrau in aller Regel nicht so treu ist, wie man eigentlich erwarten dürfte, wenn man mit dem Wörtchen »Jungfrau« spielt: Denkt nicht jeder an einen Unschuldsengel, der unverbrüchlich und standhaft zu seinem Partner steht? Von wegen! Einer typischen Jungfrau gegenüber kann man gar nicht mißtrauisch genug sein. Nicht, daß sie ihren Partner belügen würde, wenn sie Treue schwört. Sie meint es schon so! Aber sie hat es auch wieder vergessen, sobald sie eine andere Gelegenheit ahnt. Die Jungfrau in Reinkultur hat kein Standvermögen – weder im sonstigen Leben noch bei der Liebe.

Man kann das »Schwäche, Opportunismus, Wankelmut« oder wie auch immer nennen, in Wirklichkeit ist es ihr Naturell, mit den Gegebenheiten zu schwimmen. Sie ist heute mit ihrem Partner ein Herz und eine Seele, öffnet sich, gibt sich ganz der Beziehung hin. Und trifft sie morgen einen anderen Menschen, von dem sie sich geliebt fühlt, blüht sie in dieser Liebe auf. Ich kenne viele Partner von Jungfrauen, die an diesen unschuldigen, liebevollen – liebestollen – Geschöpfen schier verzweifeln.

SO HÄLT MAN JUNGFRAUEN BEI GUTER LAUNE

Im Grunde ist die Jungfrau »pflegeleicht«, sie stellt keine großen Ansprüche. Die wohltemperierte Mittellage ist ihr am liebsten. Das heißt, sie braucht jeden Tag ihren Kuß und einen Partner, der sie freundlich anlächelt, wenn man sich morgens sieht, will hören, daß sie ein toller Mensch ist, und besteht in schöner Regelmäßigkeit auf ihrem Sex – nicht zuviel, nicht zuwenig. Sie will keinen Partner, der sie mit Liebkosungen zudeckt und beim Liebesakt vor Lust so röhrt, daß die Nachbarn an die Wand trommeln. Gleichmäßigkeit hebt ihr Lebensgefühl, übertriebene Liebe genau wie Gleichgültigkeit töten ihre Lust.

Sie richtet sich mehr oder weniger stillschweigend nach ihrem Partner, verlangt das gleiche aber auch von ihm bzw. ihr: Endlos lange Diskussionen darüber, ob eine Sache so oder so zu erledigen ist, sollte man deshalb meiden.

Ihr Partner soll Ordnung und Sauberkeit verbreiten, das macht sie froh. Daß die Jungfrau – wie schon erwähnt – ein recht gebrochenes Verhältnis zu diesen Sekundärtugenden hegt, ist allerdings kein Widerspruch: Sie selbst kann im Chaos leben, aber von ihrem Partner erwartet sie Zuverlässigkeit und Ordnung.
Worauf sie noch steht, ist Pünktlichkeit; sie haßt es, wenn sie warten muß. Große Augen kriegt sie, wenn man sie verwöhnt. Das ist ein Geschenk, das man ihr manchmal machen sollte: ihr völlig unerwartet etwas mitbringen zum Beispiel oder sie mit einer besonderen Sextechnik überraschen. Aber man muß diese Mittel sparsam einsetzen, damit es ihr nicht zuviel wird.
Abstand vom Alltag – notfalls auch mit sanfter Gewalt herbeigeführt – gehört zu den wichtigsten Aufgaben ihres Partners. Die Jungfrau hat nämlich die Arbeitsmoral eines Bienengeschwaders und gönnt sich selbst nur unzureichende Phasen der Entspannung. Das bedeutet hinwiederum auch Schwerstarbeit für den Partner. Deshalb ist jede List erlaubt, um sie vom Arbeitsplatz wegzulotsen. Denn daß jenseits von PC, Hobbyraum und Küche eine Menge anderer Vergnügen und Frohsinn warten, merkt die Jungfrau erst, wenn dies alles außer Reichweite ist. Weise Jungfraubegleiter »verbieten« ihren Partnern daher ein Handy, damit sie wenigstens im Urlaub und beim Wochenendausflug zur Ruhe kommen.
Last not least sind Jungfrauen Eigenbrötler. Sie haben ihre Gewohnheiten, ihren Rhythmus und ihr Tempo. Man tut gut daran, das zu respektieren. Denn die Jungfrau gibt zwar um des lieben Friedens willen nach, wenn es zu einem Konflikt kommt, aber sie registriert jeden Verzicht, den sie leisten muß, und irgendwann ist das Maß voll – und die Jungfrau auf und davon bzw. bei einem Menschen, der ihr gegenüber scheinbar toleranter ist.

WIE GUT JUNGFRAUEN ALLEIN SEIN KÖNNEN

Irgendwie sitzt sie ein wenig zwischen den Stühlen, die gute Jungfrau, sie ist weder richtig glücklich allein noch völlig zufrieden in einer Partnerschaft. Letztlich aber überwiegt der »Herdentrieb«. Sie braucht die soziale Gemeinschaft, um ihre Bestimmung zu erfüllen: anderen zu dienen, sie zu bewachen, zu schützen und gegebenenfalls

zu heilen. Sie ist Hofhund, Wetterhahn, Bader und Kräuterweib zugleich, lebt von den Aufgaben, die in einer Partnerschaft und Gemeinschaft anfallen. Allein verliert sie die Orientierung, ihren Lebenssinn. Höchstens eine große Aufgabe oder dermaßen viel anderweitiger sozialer Umtrieb kann ihr so viel bedeuten, daß sie auf eine Partnerschaft verzichtet und allein lebt. Sie ist eben ein begehrter Freund bzw. eine begehrte Freundin, denn es lebt sich mit ihr recht bequem. Vor allem Menschen, die gerade eine Beziehung hinter sich haben, in der die Emotionalität ausuferte, fliegen auf eine Jungfrau, die ihre Gefühle zumindest vordergründig gut im Griff hat.
Ihre Versuche, allein zu leben, scheitern meistens dann, wenn die Dame oder der Herr ihres Herzens mit verträumten Augen zu ihr sagt: »Ich liebe dich! Ich möchte immer bei dir sein …!« Liebeserklärungen setzen sie immer schachmatt, denn sie rechnet nicht damit, daß jemand sie begehrt.

DER JUNGFRAUMANN AUF DEM PRÜFSTAND

Bei keinem anderen Mann purzeln die Klischees aus dem Munde von Möchtegernsterndeutern so munter und ungehemmt durcheinander wie in seinem Fall. Er sei prüde, pingelig, zwanghaft ordentlich, ein Besserwisser und funktioniere selbstlos wie eine Schweizer Uhr. Andererseits sei er ein Schelm, ein Schwindler, ein Filou, dem man kein Sterbenswörtchen glauben dürfe. Mal abgesehen von gewissen dem ähnelnden Veranlagungen, ist der Jungfraumann jedoch weder das eine noch das andere, sondern ein liebenswürdiger Zeitgenosse, eher schüchtern als selbstsicher, eher nachgebend als sich behauptend, eher bescheiden als überall vorneweg.
Sicher, er steckt seine Nase überall hinein und weiß grundsätzlich alles besser – aber meistens hat er ja auch recht! Nicht umsonst ist Merkur sein Beschützer, jener Planet bzw. Götterbote, der in der klassischen Mythologie zwischen Himmel und Erde, zwischen den Unsterblichen und den Menschen pendelt. Schon allein deswegen schlummert in jedem Jungfraumann eine mehr oder weniger gelungene Synthese von höherer Einsicht und lebenspraktischer Vernunft. Dieser Mann bleibt länger jung als andere, neugierig, pubertär-beschwingt und lebt nach dem Motto, daß nichts gleich ist. Schon gar

nicht, wenn er zum Beispiel im reifen – oder auch überreifen – Mannesalter noch einmal in Liebe zu einer Achtzehnjährigen entbrennt. Sein Sex ist garantiert besser, als man bei einer »Jungfrau« erwarten würde. Ausgesprochen spielerisch und virtuos streift er manches sogenannte Tabu. Aber er ist nicht leidenschaftlich. Eine Geliebte, die ihre Gefühle durch andauernd laute Schreie kundtut, macht ihn ratlos. Septembersöhne mögen es eben kühl, überlegt, gut im Timing, al dente. Am liebsten wie bei einem perfekten Menü: mit leichtem Entree (Betonung auf leicht – ein endloses Vorspiel macht sie nämlich schlaff), dann der deftige Höhepunkt und als Dessert ein kosiges Beisammensein.

Der Jungfraumann ist kritisch bis zur Schmerzgrenze

Daß Jungfrauen – und damit auch die männlichen Vertreter dieses Zeichens – kritisch bis zur Schmerzgrenze sein können, wurde schon erwähnt: Ist irgendwo der Wurm drin? Ein Haar in der Suppe? Ein verstecktes Problemchen in einer scheinbar wasserdichten Angelegenheit? Der Jungfraumann wird es finden! Denn das Aufspüren von Fehlern, Schwachstellen, Irrtümern ist geradezu seine Spezialität. Je näher man ihm kommt, desto feinfühliger ertasten seine hochempfindli-

chen Sensoren den Dreck am Stecken. »Na und«, werden Jungfrauen – zur Rede gestellt – sagen, »die Welt ist schließlich schlecht! Kann nicht hinter jedem engelsgleichen Antlitz eine Teufelsfratze stecken? Deswegen sind Vorsicht und Mißtrauen allemal besser, als leichtgläubig und offenen Herzens in sein ›Unglück‹ zu rennen ...« So weit, so schlecht! Gott sei Dank meinen sie es dann letztlich gar nicht so und können selbst darüber lachen.
Eines sollten sich Partnerinnen von gar nicht jungfräulichen Jungfrauen auf jeden Fall zu Herzen nehmen: Vernachlässigt man einen Jungfraumann auf Dauer – in welcher Beziehung auch immer –, findet sich ganz schnell jemand anders, der ihm das Vorenthaltene gern schenkt; denn er ist ein beliebter Ehemann.

DIE WEIBLICHE JUNGFRAU AUF DEM PRÜFSTAND

Über die Doppeldeutung ihres Namens kann sie höchstens lächeln, denn eine Jungfrau im anatomischen Sinne ist sie höchstens bis siebzehn, und von prüde, unerotisch oder asexuell kann bei ihr durchaus keine Rede sein. Sie bleibt innerlich jung, macht auch gern auf jugendlich und ist – wie die Bayern sagen – etwas »g'schamig«. Sie zieht sich zum Beispiel ungern in aller Öffentlichkeit aus und haßt durchsichtige Blusen oder Unterwäsche mit Strapsen. Aber das alles verleiht ihr eher eine unschuldige als eine altjüngferliche Note – und das will sie auch an allererster Stelle sein: unschuldig. Eine Jungfrau, die aufgetakelt wie Madame Pompadour oder eine Punkerin daherkommt, ist eine Rarität.
Das Leben sieht sie als Aufgabe, bei der man möglichst viel lernen und begreifen soll. Und zum Leben gehört nun mal die Liebe. Also übt sie auch auf diesem Gebiet, und zwar von früh an bis ins hohe Alter. Eine Jungfrau weiß, was Spaß und Lust macht, und sie kennt die Vorlieben der Männer. Sie ist ausgesprochen lustorientiert und denkt keine Sekunde daran, daß das Liebemachen eigentlich dafür gedacht ist, Nachkommen zu zeugen. Zu Schwangerschaft und Geburt hat sie eher ein zwiespältiges Verhältnis und kann ohne weiteres auch auf leiblichen Nachwuchs ganz verzichten. Andererseits ist sie eine ideale Ersatz-, Adoptiv-, Pflege- und Stiefmutter, die sich um fremde Kinder sorgt, als wären es ihre eigenen.

Natürlich ist sie auch eine gute Hausfrau und Köchin. Doch drängt es sie eher in die freie Wildbahn, um Karriere zu machen, als dazu, in einem Vorstadteigenheim zu versauern. Selbst wenn sie ein Kind hat, hängt sie ihren Job nur ganz kurz an den Nagel: Mutter sein und Karriere machen ist für sie keineswegs ein Widerspruch.
Manchmal ist sie kritisch und hölzern; damit muß man leben. Dafür liest sie ihrem Partner jeden Wunsch von den Augen ab, opfert sich für ihn, ja, »dient« ihm sogar, solange er diese Liebe nicht mißbraucht.
Was sie an einem Mann reizt, ist das Rätselvolle, Unentdeckte. Es ist, als suche diese praktische, tüchtige, erdverbundene Frau in ihrem »Co.« genau ihr Gegenteil: einen Künstler, eine Existenz am Rande der Gesellschaft, einen Mann mit einer Fülle von Mysterien.
Heiße, leidenschaftliche Liebe fühlt sie nur kurz; aus Begehren wächst Freundschaft, Zuneigung, Zärtlichkeit, Fürsorge und Partnerschaft. Nach zehn Jahren Ehe fände sie heißen Sex, bei dem man »wie Tiere übereinander herfällt«, eher komisch. Aber sie hat ein großes Bedürfnis nach Zärtlichkeit und Sehnsucht nach dem Gefühl, zu lieben und geliebt zu werden.
Was sie überhaupt nicht ertragen kann, ist seelische Kälte. Emotionen sind ihr täglich Brot. Sie aufzunehmen, zu lenken und zu kontrollieren – darin ist sie eine wahre Meisterin. Wenn aber der Gefühlsstrom um sie herum versiegt, wähnt sie sich tatsächlich in einer Wüste und klammert sich verzweifelt an jede Reaktion ihres Partners. Dann kann es vorkommen, daß die an sich liebenswürdige, freundliche und durchaus selbständige Jungfrau kindisch und ängstlich wird und sich an ihren Partner klammert wie ein kleiner, hilfloser Affe.

UND SO KLAPPT'S MIT ALLEN ANDEREN

Im folgenden wird das Beziehungsspiel zwischen der Jungfrau und den zwölf möglichen Partnern des Tierkreises durchleuchtet. Dazu muß etwas Grundsätzliches gesagt werden: Es gibt keine Kombination, die unmöglich ist. Mit anderen Worten, wenn Sie eine Jungfrau sind, können Sie's mit allen, egal, ob Löwe, Wassermann oder Krebs. Allerdings verlangt jede Partnerschaft einen bestimmten Preis. Bei manchen Kombinationen heißt der Preis Ruhe oder Entspannung, bei anderen braucht man vielleicht mehr Zeit. Auch ist es von Fall zu Fall möglich, daß man mit einem bestimmten Partner in eine Krise gerät und dann etwas unternehmen muß, um die Krise gemeinsam zu bewältigen. Es gibt keine Kombination, die nur positiv ist. Es gibt allerdings solche, die bequemer sind als andere. Wer aber will entscheiden, ob Bequemlichkeit in jedem Fall am wichtigsten ist?

Jungfrau UND WIDDER

Sie sind ein ungleiches Paar. Der Widder ist direkt, impulsiv, er läßt seinen Gefühlen und seinem Willen freien Lauf. Die Jungfrau hingegen ist kontrolliert und versucht stets, den Weg des geringsten Widerstands einzuschlagen. Mit ihnen treffen Gegensätze aufeinander, daher gehen sie sich in der Regel aus dem Weg. Trotzdem existieren Beziehungen zwischen diesen beiden Zeichen, und die meisten klappen ebensogut wie die der anderen Kombinationen auch. Im glücklichsten Fall entsteht sogar etwas Wunderschönes: Der Widder bekommt mehr Geduld und einen längeren Atem und ist damit in der Lage, seine Inspiration besser in die Tat umzusetzen, statt sie einfach verpuffen zu lassen. Die Jungfrau wiederum lernt, sich und ihren Impulsen mehr zu vertrauen, direkter und selbständiger zu werden. Sowohl im emotionalen wie im beruflichen Bereich können sich beide gegenseitig fördern und weiterbringen.

Jungfrau UND STIER

Beide Tierkreiszeichen gehören dem Element Erde an, was von vornherein die Kommunikation, das gegenseitige Verstehen und damit auch das Zusammenleben fördert. Daher wird dieses Paar sehr schnell eine gemeinsame Perspektive entwickeln und Hand in Hand daran arbeiten, sie auch zu verwirklichen. Das kann eine Familie sein, genauso aber Wohlstand, Reichtum und beruflicher Erfolg. Bestimmt ist auch die sexuelle Attraktivität bei beiden gleich; beim Stier handelt es sich ja um die Sinnlichkeit in Person, und die Jungfrau wird immer neugierig sein, wenn es etwas im Land der Erotik zu entdecken gibt. Aber es ist auch klar, daß die Jungfrau früher ermüdet als der Stier. Das resultiert nicht nur aus der unterschiedlichen physischen Konstitution, sondern auch der geistigen Einstellung: Die Jungfrau will über die Ebene der rein körperlichen Liebe hinaus, während der typische Stier nach ewiger Wiederholung trachtet. Das kann zu Konflikten, ja, sogar Zerwürfnissen und schließlich zur Trennung führen. Allerdings nur dann, wenn beide Tierkreiszeichen an ihren eigenen Positionen stur festhalten (wozu zumindest der Stier auch tendiert). Mit etwas Flexibilität jedoch ergibt sich eine wunderbare gegenseitige Bereicherung: Dem Stier öffnen sich neue Horizonte, und er blickt über das rein Körperliche hinaus. Die Jungfrau hingegen entgeht der Gefahr, sich in einer geistigen Scheinwelt zu verirren.

Jungfrau UND ZWILLINGE

Diese Beziehung ist schwierig. Denn beide Tierkreiszeichen werden vom Planeten Merkur regiert, und das bedeutet schlicht und einfach, daß beide überzeugt sind, alles besser zu wissen, zu können, zu machen ... Im Grunde begegnen sich zwei unsichere Kandidaten, die sich jeweils vom anderen Stärkung versprechen, aber zugleich gilt, daß der andere wohl der letzte wäre, der einem etwas vorzuschreiben hätte. Wohlverstanden – derartige Überlegungen spielen sich nur äußerst selten im Bewußtsein beider ab. Da in der Zeit des Sichkennenlernens und Verliebtseins der Sex phantastisch funktioniert, kann sich diese Partnerschaft über einen langen Zeitraum retten. Aber der Konflikt ist unvermeidlich. Irgendwann müssen beide ihre eigenen Minderwertigkeitsgefühle auf den Tisch legen und sich fragen, ob ihre Liebe nicht wichtiger ist als der Drang, sich tagtäglich mit kleinen und großen Sticheleien das Leben gegenseitig zu vergällen.

Jungfrau UND KREBS

Das ist eine wunderschöne Verbindung. Denn das Wasserzeichen Krebs ist sich seiner selbst gewiß, ruht in sich, bietet somit der Jungfrau das, was sie so sehnsüchtig sucht: ein Zuhause, Sicherheit, Schutz. Andererseits neigt der Krebs auch dazu, sich »in sich selbst« zu verlieren, keinen Grund mehr zu finden beim »Seelentauchen«. Genau dann kann das Erdzeichen Jungfrau das rettende Land sein, das Ufer, das Feste und Zuverlässige. Zugleich ist die Jungfrau ein flexibles, bewegliches Zeichen, drängt also auch hinaus aus dem wunderschönen Seelenraum, dem Haus und dem heiligen Reich der Familie, wo es sich der Krebs derartig gemütlich macht, daß er im Extremfall zu ersticken droht. Erde und Wasser ergeben einen fruchtbaren Schlamm, aus dem vieles wachsen kann: eine Familie, eine große Zukunft, das gemeinsame Älterwerden. Probleme gibt es natürlich auch. So kann der Krebs nur schwer begreifen, daß die Jungfrau, sobald sie sich aus seinem Einflußbereich entfernt, eine ganz andere ist, sich den dortigen Verhältnissen anpaßt, was unter Umständen auch bedeuten kann, daß sie untreu wird. Der Jungfrau wiederum bereiten die Enge und Intimität des Krebses klaustrophobische Ängste. Darüber muß gesprochen werden. Derartig unterschiedliche Seinsarten müssen im Lauf der Partnerschaft einander nähergebracht werden, so daß eine dritte, von beiden Partnern getragene Lebensweise daraus entstehen kann.

Jungfrau UND LÖWE

Auf der einen Seite kann es überhaupt keine Frage sein, daß der Löwe in dieser Beziehung der Stärkere sein wird. Er ist wie das Zentrum, die Sonne, die Jungfrau hingegen wie ein Planet, der ihn umkreist. Das führt häufig dazu, daß die Jungfrau sich unterlegen wähnt und Löwen daher aus dem Weg geht. Von einer anderen Warte aus betrachtet, fühlt sich allerdings auch die Jungfrau dem Löwen überlegen, und zwar deswegen, weil sie im Tierkreis dem Löwen folgt, also eine Zeichenposition »weiter« ist. Tatsächlich verhält es sich so, daß die Lektionen, die beim Löweprinzip noch gelernt werden müssen, bei der Jungfrau unbewußt als Erfahrungen bereits vorhanden sind. Die Jungfrau kennt sozusagen schon den Abend, während der Löwe noch voll und ganz den Tag genießt. Das führt natürlich leicht dazu, daß erstere versucht, letzterem auch den Tag zu vermiesen: Sie nörgelt, sie weiß alles besser – und meistens hat sie auch noch recht. Wenn der Löwe zu seiner Stärke steht, ohne grob und überheblich zu werden, und die Jungfrau sich ihrerseits weise genug verhält und ihren »Vorsprung« nicht dazu mißbraucht, die Lebendigkeit des anderen zu zensieren, ist diese Partnerschaft von Dauer und positiv. In einem solchen Fall vereinigen sich in der Beziehung Kraft und Klugheit, Liebe und Vernunft, Herz und Verstand.

Jungfrau UND JUNGFRAU

Zwei Jungfrauen können sich gegenseitig den Traum perfekter, vollkommener Sexualität und Sinnlichkeit erfüllen. Und da meistens das Gefühl der Liebe an der Lust gemessen wird, ist auch die Liebe bei diesem Paar gewaltig, grandios, bodenlos … Jeder ahnt, was der andere will, und versucht, es ihm noch besser, noch perfekter, noch vollkommener zu servieren. Aber die Spannung fehlt. Liebe ist ja gerade auch, jemand anderem als sich selbst zu begegnen. Liebe bedeutet, mit jemandem zusammenzusein, der ganz anders ist und den es zu entdecken gilt wie ein fremdes Land. Von daher schläft eine derartige Partnerschaft sehr schnell ein. Meistens existiert sie nur als Liebes*verhältnis*. Die wenigen Ausnahmen bestätigen die Regel. Außerdem kann man sicher sein: Wenn zwei Jungfrauen länger als ein Jahr zusammenbleiben, dann unterscheiden sie sich extrem in ihren Aszendenten bzw. Mondzeichen. Das vermag die Ähnlichkeit zu kompensieren.

Jungfrau UND WAAGE

Waage und Jungfrau liegen im Tierkreis genau nebeneinander, das bedeutet, man ist sich vertraut und kennt sich gut, so als wäre man schon immer Bruder und Schwester gewesen. Trotzdem sind beide so unterschiedlich, daß sie sich nicht ins Gehege kommen, sondern die Aufgaben, die eine Familie oder das Zusammenleben unter einem Dach mit sich bringen, wunderbar untereinander aufteilen können. Die Waage übernimmt den ästhetischen Part, richtet die Wohnung ein, ist zuständig für den guten Geschmack, für Gemütlichkeit, für das Atmosphärische. Die Jungfrau kümmert sich mehr um die praktischen Angelegenheiten, um Arbeit, Ordnung und Sauberkeit. Es gibt allerdings auch Bereiche, in denen die Übereinstimmung fehlt: Die Waage ist ein Luftzeichen und bewegt sich daher gern im Reich der Phantasie, sie liebt die Muse, Kunst, gesellschaftliche Ereignisse, sie will zu Hause vor allem entspannen, der Wirklichkeit entfliehen. Die Jungfrau hingegen ist ein Erdzeichen, praktisch, realistisch und immer arbeitsmotiviert und hätte zu Hause am liebsten ihr Büro, die Werkstatt oder heutzutage einen Job am PC. Letztlich ist die Waage stärker, sie setzt sich also durch. Dank ihrer Liebesfähigkeit schafft sie es darüber hinaus auch allemal, daß die Jungfrau, wenn sie mal enttäuscht ist, »bei ihrem Frust nicht hängenbleibt«.

Jungfrau UND SKORPION

Rein theoretisch wären diese zwei eine wunderbare Verbindung, denn die Jungfrau ist ein Erdzeichen, der Skorpion gehört zum Element Wasser. Erde und Wasser ergänzen sich wunderbar, kreieren zusammen fruchtbares Land, so daß die Liebe wachsen, blühen und Früchte tragen kann. In der Praxis ist die Liaison trotzdem selten. Dies beruht darauf, daß sich die Jungfrau instinktiv gegen den Sog des Skorpionischen wehrt. Der Skorpion sucht ja, idealtypisch gesehen, völlige Selbstaufgabe. Er will sein Ich in einem größeren Ganzen verlieren, um so selbst größer zu werden. Die Jungfrau jedoch ist immer noch verhaftet im

Ich, im Persönlichen – und sie befürchtet, neben einem Skorpion diese letzte Bastion ichhaften Seins zu verlieren. Dort jedoch, wo diese Partnerschaft gewagt und durchgestanden wird, entwickelt sich ein sagenhaft starkes Bündnis, in dem jeder den anderen nach besten Kräften zu unterstützen vermag: Die Jungfrau bekommt Tiefe, Biß, Selbstvertrauen und Stärke. Der Skorpion wird aufgeschlossener, offener und freundlicher.

Jungfrau UND SCHÜTZE

Bei dieser Beziehung gibt es häufig ganz schnell einen Verlierer. Entweder ist es die Jungfrau, weil sie sich gegenüber dem pompösen, prächtigen, weltoffenen, feurigen Schützen wie ein Mauerblümchen vorkommt, das der Schütze bei nächster Gelegenheit vergißt. Oder es ist der Schütze, der von der Jungfrau gnadenlos niedergemacht wird, weil er wieder einmal dabei ertappt wird, daß er an ein Hirngespinst glaubt. Hier geistiger Höhenflug – dort praktischer Realismus. Hier Horizonterweiterung – dort Horizontbegrenzung. Hier Abschied von der vordergründigen Welt der fünf Sinne und Hinwendung zu esoterischen Räumen – dort klare Beschränkung auf das, was nun einmal ist. Es bestehen allerdings auch viele kleine Brücklein zwischen den beiden Tierkreiszeichen, wovon der Humor ein ganz besonderes ist. Ich kenne ein als Therapeuten arbeitendes Ehepaar mit dieser Konstellation. Sie leben seit über zehn Jahren zusammen und führen gemeinsam Managementseminare durch. Ich habe sie einmal in einem Seminar erlebt, wie sie gegeneinander Position bezogen und sämtliche Teilnehmer schon fast in Panik gerieten, weil sich ihre beiden Leiter dermaßen in die Wolle bekamen. Dann machte irgend jemand einen Witz, und die Konfrontation entlud sich in befreiendem Gelächter …

Jungfrau UND STEINBOCK

Zunächst einmal entsprechen sich diese beiden Tierkreiszeichen bestens, denn sie gehören beide dem Erdelement an und sind somit an der Bewältigung, Koordinierung und Disziplinierung des Lebens orientiert. Man verliert sich also nicht in verschiedenen Interessensrichtungen, sondern hat gemeinsame Ziele, Freunde und gleichartige Wünsche. In Geschmacksfragen stimmt man ebenfalls weitgehend überein, weshalb man sich zum Beispiel beim Einrichten der Wohnung, beim Kauf eines neuen Autos oder beim Zappen durch die TV-Sender selten in die Haare gerät. Auch beim Thema Sex ist man ähnlicher Ansicht, nämlich insofern, als man erstens nicht übertreibt und zweitens mit einer gewissen Gefühlshärte und Rauhbeinigkeit gut umgehen kann, also weiß, wie man sich trotzdem gegenseitig »antörnen« kann. Probleme treten auf, wenn der weibliche Part Steinbock, der männliche Jungfrau ist. Die Steinbockfrau erwartet dann nämlich von ihrem Partner Geradlinigkeit und Stärke, welche die Jungfrau nun einmal nicht besitzt. Eine weitere Schwierigkeit resultiert daraus, daß mit der Zeit die Herausforderungen fehlen, weil man sich so ähnlich ist. Am besten wirkt dann eine gemeinsame Reise weit weg vom Arbeitsplatz. Das hebt die Lust und die Leidenschaft beider Tierkreiszeichen.

Jungfrau UND WASSERMANN

Könnte man die Seele einer Jungfrau fragen, was für einen Partner sie wirklich möchte, sie würde antworten: »Ein Wesen, das so verspielt ist wie ich. Das so liebt wie ich – so rein, so unkompliziert, so leicht. Ich will einen Seelenpartner, der meine Einsamkeit aufbricht, mich nicht allein läßt und mich trotzdem so lassen kann, wie ich bin!« Natürlich gibt es keinen Menschen auf der großen weiten Welt, der diesem hohen Ideal entspräche. Aber der Wassermann kommt ihm sehr nahe. Er ist so intellektuell wie die Jungfrau und hegt gegenüber leidenschaftlichen Emotionen ein tiefes Mißtrauen. Zwischen beiden kann daher eine wundervolle Partnerschaft entstehen, auch wenn es in der astrologischen Literatur häufig heißt, sie würden nicht zusammenpassen. Es besteht allerdings auch eine große Gefahr: Beide sind, wie gesagt, keine »Gefühlsbolzen«; und zweimal ein Minus ergibt in diesem Fall kein Plus. Von daher vermag sich allmählich eine regelrechte Gefühlskälte einzuschleichen. Ein gemeinsames Kind könnte dieser Beziehung die emotionale Wärme schenken, die ihr fehlt. Aber die Regel ist eher, daß sich beide gegen ein Kind und für ihre Karriere entscheiden. Selbst wenn ein Kind kommt, wird die Zeit seines Heranwachsens mehr als eine Übergangsphase denn als ein wirklich anderes Stadium erlebt.

Jungfrau UND FISCHE

Jungfrau und Fische liegen sich im Tierkreis genau gegenüber. Das bedeutet, daß die Menschen, die unter diesen Zeichen geboren wurden, extrem unterschiedlich sind: Die Jungfrau sucht Glück und Sicherheit auf der Erde, der Fischegeborene ahnt zumindest, daß diese irdische Existenz nur ein Zwischenstadium ist, ein Übergang oder eine Vorstufe zu etwas völlig anderem. Das hat ganz praktische Konsequenzen, etwa dann, wenn die Jungfrau wie ein Ackergaul schuftet, um ihrem Leben ein solides Fundament zu verschaffen, und der Fischepartner sein Geld für Dinge ausgibt, die nun überhaupt nicht ins Weltbild der Jungfrau passen – für ein Meditationscamp im Himalaja zum Beispiel. Auf der anderen Seite ziehen sich gegenüberliegende Tierkreiszeichen aber auch an, weil jeder genau das hat, was dem anderen am meisten fehlt: dem Fischemenschen Realitätsbewußtsein und der Jungfrau Vertrauen in eine höhere Fügung. Eine Jungfrau kennt immer einen Fischegeborenen. Wenn er nicht ihr Partner ist, so ist er ihr Freund, ihr Kind oder was auch immer. Sie braucht ihn, um aus allzu vordergründigen Zwängen herauszufinden. Umgekehrt brauchen alle Fische eine Jungfrau, denn sie hat den Schlüssel, um auf der Erde lebbare Räume zu erschließen.

Gesundheit UND FITNESS

In der astrologischen Medizin ordnet man jedem Tierkreiszeichen andere Körperregionen, physiologische und psychologische Funktionsweisen und entsprechende Krankheitsdispositionen zu. Dies bedeutet, es bestehen verschiedene Neigungen zu unterschiedlichen Störungen und Erkrankungen; das heißt aber noch lange nicht, daß bei jedem Tierkreiszeichen auch tatsächlich die ihm im folgenden zugeordneten Krankheiten auftreten werden.

Körperliche Entsprechungen Bauchspeicheldrüse, Dünndarm, Dickdarm, Verdauung
Psychologische Entsprechungen Sachlichkeit, Selektion, Vernunft, Vorsicht, Analyse, Verwertung, Kritik
Krankheitsdispositionen Verdauungsprobleme, Unterleibssymptome wie Blähungen, Völlegefühl, Darmkatarrh, Darmkolik, Darmentzündung, Verschlackung

TYPISCHE KRANKHEITEN DER JUNGFRAUEN

Jungfrauen neigen zu den verschiedensten Beschwerden im Zusammenhang mit den Verdauungsorganen, insbesondere dem Dickdarm. Damit Sie die Logik, die hinter diesen Zuordnungen steckt, und die psychosomatischen Ursachen der Symptome besser kennenlernen können, seien hier einige wichtige und häufige Probleme von Jungfrauen genannt.

Auf die richtige Nahrung kommt es an

Bereits im Kapitel »Die Guten ins Töpfchen – die Schlechten ins Kröpfchen!« wurde erwähnt, daß der Darm und sämtliche darin ablaufenden Vorgänge wie Nahrungsaufnahme, Peristaltik (also der Pumpvorgang im Darm, bei dem der Speisebrei durch Verkrampfung und Entspannung vorwärtsbewegt wird), Verwertung und Selektion in

Zu jedem Tierkreiszeichen gehören bestimmte Organe und Malaisen

der astrologischen Medizin der Jungfrau zugeordnet sind. Im übertragenen Sinn schließt das die »Verdauung« seelischer Eindrücke mit ein. Damit gelangt aber auch das Thema »richtige Ernährung« in einen Zusammenhang mit diesem Zeichen. Denn wie gut die Verdauung im Darm gelingt, hängt bekanntermaßen weitgehend mit den aufgenommenen Nahrungsstoffen selbst zusammen.
In der Astrologie kommt der Ernährung und Verdauung eine zentrale Bedeutung zu. Das findet darin Ausdruck, daß das Jungfrausymbol gern als »Feld der Gesundheit und der Krankheit« bezeichnet wird. Denn so, wie dieses Zeichen zwischen »innen« (Widder bis Löwe) und »außen« (Fische bis Waage) vermittelt, so interveniert es auch bei dem »Stofflichen draußen« und dem »Leben drinnen« sowie den »lebendigen Impulsen drinnen« und den »Möglichkeiten draußen«. Gelangen falsche Stoffe wie auch Informationen von »außerhalb« nach »innen«, werden der Organismus und die Seele krank. Geraten inadäquate Impulse nach »außen«, können sie ebenfalls Schaden nehmen.
Jungfraugeborene begreifen samt und sonders früher oder später, wie wichtig die richtige Ernährung für sie ist. Sie werden ganz praktisch dazu gedrängt, weil ihr Organismus stärker auf ein körperliches Ungleichgewicht reagiert, als dies bei anderen Tierkreiszeichen der Fall ist. Man findet unter Jungfrauen auch extreme Positionen hinsichtlich der Ernährung. Viele essen streng vegetarisch, und es gibt solche, die ausschließlich von Rohkost leben.
Nimmt der Darm zu viele Schadstoffe auf, werden sie an der Darmwand abgelagert. Manche gelangen hindurch und über das Blut in die Leber. Von dort aus werden sie im ganzen Körper verteilt – mit der Folge, daß er verschlackt. Das macht sich zuerst an Stellen bemerkbar, die von den Zentralorganen Leber, Herz und Nieren möglichst weit entfernt sind, zum Beispiel an den Beinen, am Oberschenkel und am Gesäß. Ein weiteres bevorzugtes Schlackendepot ist aber auch die Haut, die dabei unrein, stumpf und zum Schluß fahlgrau wird.

Spannung und Entspannung

Die Darmtätigkeit besteht aus einem fortwährenden Anspannen oder Verdichten und Wiederloslassen bzw. Entspannen. Dieser Pumpvorgang heißt wie gesagt Peristaltik. Er befördert den Speisebrei durch den langen Darm. Verläuft der Prozeß unvollständig, indem beispielsweise mehr Anspannung als Entspannung geschieht, dann kann

sich der Darm verkrampfen. Der Speisebrei verbleibt zu lange im Darm, es entstehen Fäulnis- und Gärungsprozesse, die im Extremfall eine Darmkolik oder sogar ein Geschwür herbeiführen können.
Dieser Vorgang hat natürlich seine Entsprechung auf der psychischen Ebene: Jungfrauen neigen dazu, Anspannung zum Hauptprinzip ihres Lebens werden zu lassen. Sie arbeiten ununterbrochen und gönnen sich zuwenig Zeit für Entspannung und Ausgleich. Sie hegen eine tiefe Abneigung gegen Müßiggang und sind überzeugt davon, daß sie letzten Endes alles selbst in die Hand nehmen müssen, weil auf niemanden sonst Verlaß ist. Sie mißtrauen einer anderen oder sich selbst regulierenden Ordnung, mit anderen Worten: der Existenz. Die Kontrolle aus der Hand zu geben bereitet Jungfrauen eine Angst, die sie das ganze Leben lang begleitet. Sie brauchen daher immer wieder Momente der Stille und Entspannung, sie müssen lernen, loszulassen und sich dem Sein anzuvertrauen.
Jungfrauen sollten sich grundsätzlich – besonders aber, wenn sie krank werden – in ihrem inneren Dialog mit folgenden Fragen auseinandersetzen:

- Achte ich auf meine Ernährung?
- Schlinge ich wahllos alles in mich hinein?
- Mute ich meinem Organismus zuviel zu?
- Steht mein Arbeitsaufwand in einem ausgewogenen Verhältnis zu Phasen der Ruhe und Entspannung?
- Wie finde ich den richtigen Rhythmus zwischen Arbeit und Muße?
- Glaube ich, alles selbst tun zu müssen?
- Was sind meine tiefsten Ängste?
- Wie stark ist mein Vertrauen in die Existenz?

WIE JUNGFRAUEN GESUND BLEIBEN

Am wichtigsten ist die Ernährung. Die Jungfrau muß auswählen, was für sie gut ist und was nicht. Sie muß lernen, nein zu sagen. Und wie der Darm zwischen brauchbaren und unbrauchbaren Nahrungsmitteln unterscheidet, so muß die Jungfrau auch eine »psychische

Selektion« betreiben. Ihr Organismus reagiert sofort auf ungeeignete Nahrungsstoffe und genauso auf negative Schwingungen.

Jedes Zuviel ist schädlich

Kein anderes Tierkreiszeichen spricht so prompt auf übermäßigen Genußmittelkonsum an wie die Jungfrau: zuviel Kaffee, zuviel Alkohol, zuviel Nikotin, zuviel durchzechte Nächte. Und sie weiß selbst, wie unausstehlich sie wird, wenn die Dreieinigkeit aus Körper, Geist und Seele auseinanderbricht. Auf der anderen Seite ist kaum jemand so fit wie die August-September-Kinder, sofern sie einige eiserne Regeln beachten: morgens grundsätzlich Tee und Obst (kein Müsli, das bläht); mittags und abends immer wieder einmal leichte Kost. Ab 20.00 Uhr bekommt der Magen nur noch in Ausnahmefällen Futter. Der Schlaf einer Jungfrau hängt nämlich entscheidend davon ab, ob sie während der Nacht noch »nacharbeiten« muß, weil sie zu spät und zu üppig gegessen hat. Genauso beschäftigen sie auch nachwirkende psychische Eindrücke und Erlebnisse.

Die Jungfrau braucht sich grundsätzlich keiner Nahrung und keiner Erfahrung gegenüber zu verschließen, aber sie sollte stets bedenken, daß sie alles in besonderem Maße innerlich verarbeiten muß.

Und noch etwas: Jungfrauen besitzen einen guten Heilinstinkt und können sich in der Regel bei kleineren Malaisen mit Hilfe der Hausapotheke, Naturtees und bewußter Lebensführung gut selbst therapieren.

Die Heilkraft der Erde

Ein Spaziergang oder eine Wanderung üben eine regelrecht beruhigende Wirkung auf Jungfrauen aus. Die Natur erweist sich dabei als große Lehrmeisterin insofern, als sich in ihr die Schöpfung als ewiges Prinzip, die »Große Mutter Existenz«, die alles trägt und umsorgt, besonders deutlich offenbart.

Zugleich spiegelt jede Pflanze das ureigenste Prinzip wider: Nährstoffe der Erde durch Transformation und Assimilation in Leben zu verwandeln.

Mars, der Powerplanet, verleiht Fitneß und Kraft

DIE APOTHEKE DER NATUR

In der Jungfrauzeit Ende August bis Ende September sammelt man Kalmus, Leberbalsamsamen, Eibisch-, Wassereppich- und Samenwurzel, Traubenkraut- und Hanfsamen, Schellkraut- und Wegwartwurzel, Gurkensamen, Farnkrautwurzel, Fenchelsamen, Enzian- und Süßholzwurzel, Melonen-, Steckrüben-, schwarzen Kümmel- und Vogelnestsamen.
Viele dieser Kräuter dienen speziell zur Anregung der Verdauung und Aufbereitung der Nahrung im Darm. Ein Fencheltee beispielsweise wirkt gegen Blähungen, Unterleibskrämpfe und Darmverschleimungen. Ebenfalls der Enzian, der ja als Enzianschnaps seit alters als Bittermittel zur Anregung der Verdauung gilt. Daß Kümmel Blähungen lindert, sollte jede Mutter wissen. Auch die Süßholzwurzel ist ein ausgezeichnetes Mittel, um die Darmtätigkeit anzuregen. Man kaut davon einfach die in einer Apotheke erhältlichen Stengel.
Wer seine Kräuter selbst sammelt, sollte – unter Beachtung der Naturschutzvorschriften – die Pflanzen pflücken, wenn der Mond im Jungfrauzeichen steht. Die heilenden Kräfte sind dann am stärksten.

DIE RICHTIGE DIÄT FÜR JUNGFRAUEN

Von Zeit zu Zeit sollte die Jungfrau eine Nulldiät durchführen. Dabei werden keinerlei Nahrungsmittel außer geringen Mengen frisch gepreßten, reifen Obstes zu sich genommen. Man beginnt die Nulldiät mit der Einnahme von Wasser mit Karlsbader Salz, um den Darm zu spülen. In aller Regel genügen bereits drei Tage, um ihn hinreichend zu entschlacken.
Es gibt zahlreiche Bücher über das Fasten, denen man entnehmen kann, was bei solchen Diäten im einzelnen beachtet werden muß. Hat man vor, sie über einen längeren Zeitraum durchzuführen, ist es ratsam, dazu ärztlichen Rat einzuholen. Doch Jungfrauen sollten generell nicht zu lange und zu häufig fasten, da ihr Organismus stark auf den Entzug von Nahrung reagiert.

DER DIENST AM NÄCHSTEN

Es wurde gesagt, daß die Jungfrau im Übergang zwischen »innen« und »außen« steht. Ihr fehlt sozusagen ein eigener Standort, sie befindet sich »zwischen den Stühlen«. Daher nimmt sie alles auf und fühlt sich allem verpflichtet. Sie ist eine Dienerin, und sie dient gern, solange es mit ihrer Ethik und Moral zu vereinbaren ist. Vielleicht sind die typischen Vertreter dieses Zeichens überhaupt die einzigen im Tierkreis, die gern arbeiten: Etwas Sinnvolles zu tun gibt ihnen Halt und kommt ihrem Verwertungstrieb entgegen. Dann bringen sie einen unermüdlichen Arbeitseinsatz und sind sogar zu Geniestreichen fähig. Dieses Ganze kann in einer Firma, einem Restaurant, einer Bar, einem Laden oder Büro stattfinden, es kann die eigene Karriere betreffen oder die Aufgabe, anderen zu helfen.
Jungfrauen besitzen einen starken Hang zu Heilberufen. Kranken zu helfen entspricht ihrem Wunsch, etwas Sinnvolles zu tun. Leidenden Erleichterung zu verschaffen, sie gesund zu pflegen, zu trösten und, wenn es sein muß, sie an die Schwelle des Todes zu begleiten, dabei folgen sie ihrer Berufung. Jungfrauen sind neben Skorpionen und Fischen die besten Krankenpfleger, Ärzte, Psychotherapeuten und Heilpraktiker. Ein weltbekanntes Beispiel war die Jungfrau Mutter Teresa, die für ihren sozialen Einsatz in Indien den Friedensnobelpreis erhielt. Damit jetzt aber nicht der Eindruck entsteht, Jungfrauen wären nur für den Heil- und Pflegeberuf zu gebrauchen, will ich geschwind noch einige Beispiele aus einem ganz anderen Metier hinzufügen.

SYSTEMATISIEREN, RATIONALISIEREN, ORGANISIEREN – DER KLARE DURCHBLICK

Weil Jungfrauen Arbeit nicht als Last, sondern als ihre Bestimmung annehmen, die zum Leben gehört wie Essen, Schlafen oder Atmen, ist ihre Arbeitsdisziplin einfach bewundernswert. Sie können alles übrige zurückstellen, um sich völlig einer von anderen oder von ihnen selbst gestellten Aufgabe zu widmen. Natürlich hinterläßt so etwas Eindruck. Zusammen mit ihrer Zuverlässigkeit sind sie wie geschaffen für den Beruf eines Sekretärs bzw. einer Sekretärin, des Chefs vom Dienst und sämtliche andere Tätigkeiten mit Dienstleistungscharakter.

Sie sind genial darin, Arbeitsprozesse zu optimieren. Eine Jungfrau, der man die Regie über Rationalisierungsmaßnahmen anvertraut, wird das Beste herausholen. Sie wird immer Möglichkeiten entdecken, um Zeit und Kraft einzusparen.

Wegen ihres diesbezüglichen Geschicks verrichten typische Jungfrauen in der Regel mehr als nur eine Arbeit, sie haben einen Haupt- und einen Nebenjob, arbeiten tagsüber hier und abends dort. So etwas ist natürlich nur möglich, wenn die Arbeitsabläufe optimal organisiert und gestrafft sind.

Ich kenne den leitenden Direktor eines Unternehmens, das mehrere Zeitschriften produziert. Während eines Tages arbeitet er in verschiedenen Etagen, von denen jede ein anderes Blatt produziert. Sobald er ein Stockwerk betritt, versammeln sich sofort alle Ressortchefs und die Mitarbeiter der jeweiligen grafischen Abteilung; es werden dann der neueste Stand der Entwicklung sowie alle möglichen Ideen und Vorschläge erörtert und diskutiert. Da seine Produkte wöchentlich erscheinen, kann man sich vorstellen, was dieser Mann täglich von acht Uhr morgens bis fünf Uhr am Nachmittag leistet. Dazu kommen regelmäßige Treffen mit den Trägern des Projekts und verschiedenen Sponsoren. Er sagt, daß sein Arbeitstag – Flug- bzw. Pkw-Reisen mit eingerechnet – immer um sechs Uhr beginnt und nie vor acht Uhr abends zu Ende ist. Dieser Mann ist eine Jungfrau.

Zur schreibenden Zunft hat die Jungfrau ohnehin einen prima Draht. Wie an anderer Stelle gesagt, ist Hermes bzw. Merkur ihr Schutzpatron, und selbiger galt in der griechischen Mythologie als Helfer auf geistigem Gebiet, er wurde beispielsweise auch als Patron der Redner verehrt. Jungfrauen leisten ebenfalls Beachtliches als Rhetoriker (man erinnere sich an die Reden des Politikers Franz Josef Strauß) oder auf dem Gebiet der Sprachen. Und über die berühmten Schriftsteller unter den Jungfrauen wurde ja schon an anderer Stelle berichtet.

Was bei der Jungfrau noch besticht, ist ihr Realitätssinn. Kein anderes Tierkreiszeichen macht sich so wenig Illusionen und betrachtet Gegenwart und Zukunft mit so nüchternen Augen. Sie können rechnen, und zwei und zwei ist für sie eben vier und nicht vier- oder dreieinhalb.

Der Tierkreis steht symbolisch für sämtliche Belange des Lebens

Bemerkenswert sind auch ihre scharfe Beobachtungsgabe und ihr großer Sinn für Systematik, Planung und Ordnung. Durch ihre Zuverlässigkeit und Gewissenhaftigkeit sind sie hervorragend für Vertrauensposten geeignet, für exakte statistische Berechnungen, zum Führen von Listen, Kartotheken, als Buchalter (EDV), Steuerberater, Revisoren oder in der Verwaltung. Im Handwerk sind es besonders Klein- und Feinarbeiten wie bei Zahntechnikern oder Uhrmachern. Unter den Wissenschaften sind es vor allem Mathematik und Physik.
Eine Jungfrau ist ein ausgesprochenes Multitalent: Sie kann grundsätzlich alles, und sie macht grundsätzlich alles gut. Aber sie muß von einem Sinn, einem größeren Ganzen getragen sein. Je umfassender dieses übergeordnete Ganze ist, dem sie dient, um so mehr wächst sie selbst. Sie ist der Diener, der aufblüht, indem er seinem Herrn zu Größe verhilft.

DAS ARBEITSUMFELD UND DIE BERUFE DER JUNGFRAUEN

Wo arbeiten Jungfrauen am liebsten?

Jungfrauen arbeiten gern in Berufen mit aufopferndem Charakter (alle Pflege- und Heilberufe). Des weiteren findet man sie häufig dort, wo es um die Erforschung der äußeren und inneren Welt geht (alle systematischen Wissenschaften, besonders Mathematik, Psychologie und Astrologie). Auch da, wo es um Organisation und Ausführung geht (Sekretär, Manager, Verwaltung, Dienstberufe), finden sich vor allem Jungfrauen. Des weiteren arbeiten sie gern in einem Umfeld, in dem Urteilsfähigkeit und kritische Beobachtungsgabe gefragt sind (technische Berufe) und Erziehung eine Rolle spielt (Lehramt). Zu guter Letzt sind natürlich noch sämtliche Dienstleistungstätigkeiten zu nennen (Gastronomie, Reiseservice, Hygiene, Kosmetik und dergleichen mehr).

Berufe der Jungfrau

A/B (Angesteller/Beamter) Arbeitsverwaltung, A/B Behörden Bund/Länder, A/B Bergverwaltung, A/B Bundesbank, A/B Finanzverwaltung, A/B Gewerbeaufsicht, A/B Kommunalverwaltungen,

A/B Sozialversicherungsanstalten, A/B Strafvollzugsdienst, A/B Wetterdienst, A/B Zoll, Agraringenieur, Altenpfleger, Anwendungsprogrammierer, Apotheker, Archäologe, Archivar, Arzt, Arzthelfer, Astrologe, Astronom, Astrophysiker, Atem- und Stimmlehrer, Berufe in Umweltorganisationen, Berufsschullehrer, Bilanzbuchhalter, Biochemiker, Biologe, Biologielaborant, Biophysiker, Botaniker, Buchhalter, Bürogehilfe, Bürokaufmann, Chemielaborant, Chemiker, chemisch-technischer Assistent, Chemotechniker, Computerlayouter, Datenbankspezialist, Dipl.-Ing. Elektrotechnik, Dipl.-Ing. Fachrichtung Chemie, Dipl.-Ing. in Fertigungstechnik, Dipl.-Ing. Hoch- und Tiefbau, Dipl.-Ing. in der Konstruktion, Dipl.-Ing. im Metallbereich, Dipl.-Ing. in Verfahrenstechnik, Dipl.-Ing. Vermessungswesen, Diplombetriebswirt, Diplomforstwirt, Diplomholzwirt, Diplominformatiker, Diplommathematiker, Diplompädagoge, Diplomphysiker, Diplomsozialarbeiter, Diplomvolkswirt, Dorfhelfer, EDV-Organisator, Elektroniktechniker, Elektrotechniker, Energiemanager, Entwicklungshelfer, Facharzt, Fachlehrer, Fachwirt für Tagungs-, Kongreß- und Messewirtschaft, Fahrlehrer, Familienpfleger, Friseur, Fußpfleger, Gartenbauarchitekt, Gärtner, Gebäudetechniker, Gentechniker, Geograph, Geologe, Geophysiker, Germanist, Gewerbelehrer, Grund- und Hauptschullehrer, Haustechniker, Hebamme, Heilerziehungspflegehelfer, Heilerziehungspfleger, Heilpädagoge, Heilpraktiker, Heimerzieher, Heimleiter, Hochschullehrer, Hotelkaufmann, Informatiker, Informationsbroker, Jugendpfleger, Jurist, Kernphysiker, Kindergärtner, Kinderkrankenschwester, Kinderpfleger, Kosmetiker, Krankengymnast, Krankenpfleger, Landschaftsplaner, Landwirt, Lebensmittelchemiker, Lehrer in der Erwachsenenbildung, Masseur, medizinisch-technische Assistentin (MTA), medizinischer Bademeister, Mikrobiologe, Mineraloge, Mitarbeiter der Deutschen Bahn AG, Museumswärter, Netzwerkspezialist, Notar, Ökologe, Ökomanager, Organisator, Philologe, Philosoph, Physiklaborant, Politologe, Postangestellter, Privatdozent, Polizist, Programmierer, Psychotherapeut, Realschullehrer, Recyclingfachmann, Restaurator, Schneider, Sekretärin, Sonderschullehrer, Sozialwissenschaftler, Speditionskaufmann, Statistiker, Steuerberater, Steuerbevollmächtigter, technischer Zeichner, Teletutor, Theologe, Tierarzt, Tierpräparator, Umweltberater, Verkäufer, veterinärmedizinische Assistentin, Werklehrer, Wirtschaftsprüfer, Zahnarzt, Zahnarzthelferin.

Test:

WIE »JUNGFRAUHAFT« SIND SIE EIGENTLICH?

Mit Hilfe des folgenden Tests können Sie in Erfahrung bringen, wie typisch Sie für Ihr Tierkreiszeichen sind. Gehen Sie dabei so vor: Kreuzen Sie die Zahl an, wenn Sie die jeweilige Frage mit Ja beantworten. Falls Sie also gern Testfahrer wären, würden Sie die Zahl 1 ankreuzen. Wenn nicht, würden Sie dies nicht tun.

	+		–
Wären Sie gern Testfahrer?		1	
Sind Sie ein Mensch, der gern Geld zurücklegt?		2	
Haben Sie gern mit Kunst zu tun?		3	
Sind Sie gern unter Menschen?		4	
Würden Sie gern Politik machen?		5	
Sagen Sie gern anderen, was sie tun sollen?		6	
Würden Sie gern allein in einer Wetterstation arbeiten?		7	
Lesen Sie viel und gern?		8	
Möchten Sie gern schwerkranke Menschen betreuen?		9	
Ist es Ihnen egal, was Sie arbeiten, Hauptsache, das Geld stimmt?		10	
Ordnen Sie sich leicht unter?		11	
Können Sie gut warten?		12	
Ist Ihnen Harmonie wichtig?		13	
Möchten Sie auf dem Lande leben und arbeiten?		14	
Stehen Sie gern in der Öffentlichkeit?		15	
Möchten Sie Falschparkern einen Strafzettel geben?		16	
Möchten Sie an einer Diät als Testperson mitmachen?		17	
Möchten Sie Gehälter abrechnen?		18	
Unterhalten Sie andere Leute gern?		19	
Arbeiten Sie gern im Team?		20	
Könnten Sie von der Hand in den Mund leben?		21	
Interessieren Sie sich für Mode?		22	
Mögen Sie das Risiko?		23	
Führen Sie gern technische Berechnungen durch?		24	
Wären Sie gern ein Entdeckungsreisender?		25	
Mögen Sie Veränderungen?		26	

	+		−
Möchten Sie auf einer Bühne stehen?		27	
Können Sie gut allein leben?		28	
Können Sie leicht auf die Tageszeitung verzichten?		29	
Möchten Sie gern Kinder betreuen?		30	
Halten Sie Gefühle für wichtiger als den Verstand?		31	
Können Sie leicht aus sich herausgehen?		32	
Liegt Ihnen das Wohlergehen anderer am Herzen?		33	
Sind Sie gern Gastgeber?		34	
Betreuen Sie gern Kranke?		35	
Sind Sie gern Lehrer?		36	
Sind Sie ein beständiger Mensch?		37	
Gehen Sie gern und häufig aus?		38	
Möchten Sie Menschen beraten?		39	
Möchten Sie Schaufenster dekorieren?		40	
Möchten Sie gefährliche Chemikalien transportieren?		41	
Würden Sie gern an einem Bankschalter stehen?		42	
Treiben Sie gern Sport?		43	
Würden Sie gern als Diskjockey arbeiten?		44	
Wären Sie gern Astronaut?		45	
Können Sie sich vorstellen, im Ausland zu arbeiten?		46	
Möchten Sie gern Reporter sein?		47	
Übernehmen Sie gern Verantwortung?		48	
Wären Sie gern Fotomodell?		49	
Können Sie leicht bei einer Sache bleiben?		50	

Summe: ______________

Auswertung

Schreiben Sie immer dann ein Plus (+) links neben die Zahl, wenn Sie die Nummern **2, 8, 9, 14, 17, 18, 24, 30, 33, 35, 36, 39, 42** angekreuzt haben (maximal dreizehnmal ein Plus).
Tragen Sie immer ein Minus (–) neben der Zahl ein, wenn Sie die Nummern **6, 7, 12, 15, 21, 23, 28, 32, 44, 45** angekreuzt haben (maximal zehnmal ein Minus).
Ziehen Sie die Anzahl der Minus- von der Anzahl der Pluszeichen ab. Die Differenz ist Ihr Testergebnis.

Saturn nimmt Maß und setzt Grenzen

Interpretation

Ihr Testergebnis beträgt 5 oder mehr Punkte: Sie sind eine hundertprozentige Jungfraupersönlichkeit. Alles, was in diesem Buch über die Natur Ihres Tierkreiszeichens geschrieben steht, trifft in besonderem Maße auf Sie zu. Sie sind freundlich, zuvorkommend, arbeitsmotiviert und können einer Sache, die Sie für richtig ansehen, mit ganzem Herzen dienen. Dem Leben begegnen Sie beobachtend und analysierend. Sie sind ein »Erdmensch«, der seine Erfahrungen vor allem mit Hilfe seiner fünf Sinne macht.

Ihr Testergebnis liegt zwischen 0 und 4 Punkten: Bei Ihnen ist das Jungfraunaturell gedämpft. Wahrscheinlich haben Sie einen Aszendenten, der die Qualität Ihrer Jungfraupersönlichkeit in einer anderen Richtung beeinflußt. Oder Ihr Mondzeichen hat diese Wirkung. Für Sie ist es daher interessant, die Stellung Ihres Mondes und Ihren Aszendenten im zweiten Teil dieses Buches kennenzulernen. Es kann aber auch sein, daß Sie durch frühere Erfahrungen dazu veranlaßt wurden, Ihr Jungfraunaturell abzulehnen. Dann ist es besonders wichtig, daß Sie sich damit wieder anfreunden und es mehr zulassen.

Ihr Testergebnis beträgt weniger als 0 Punkte: Sie sind eine untypische Jungfraupersönlichkeit. Wahrscheinlich haben Sie einen Aszendenten, der sich völlig anders als das Jungfrauprinzip deuten läßt, oder Ihr Mond steht in einem solchen Zeichen. Es wird sehr spannend für Sie sein, dies im zweiten Teil des Buches herauszufinden. Sie haben es aber im Lauf Ihres Lebens womöglich auch für nötig befunden, Ihre Jungfrauseite abzulehnen und zu verdrängen. Es ist daher Ihre Aufgabe, sich mit diesem Teil Ihrer Persönlichkeit wieder anzufreunden: Sie sind zum großen Teil ein »Geschöpf der Erde« mit einem Naturell, das dafür geschaffen ist, dem Leben zu dienen, das Niedere zu erhöhen und aus Stofflichem Leben zu schaffen.

Teil II IHRE INDIVIDUALITÄT

Der Aszendent und die Stellung von Mond, Merkur & Co. –

VORBEMERKUNG

In Teil I wurde erläutert, warum die Jungfrau Ihr »Sternzeichen« ist, nämlich weil die Sonne zum Zeitpunkt Ihrer Geburt in diesem Abschnitt des Tierkreises stand. Nun gibt es in unserem Sonnensystem bekanntlich noch andere Himmelskörper, von denen der Erdtrabant Mond und die Planeten für die Astrologie bedeutsam sind. Sie alle haben ebenfalls entsprechend ihrer Stellung bei einer Geburt eine spezifische Aussagekraft. Obendrein spielen auch noch der Aszendent, die astrologischen Häuser und weitere Faktoren eine Rolle. Alles zusammen ergibt ein Horoskop.

Dieses Wort hat seine Wurzeln im Griechischen und heißt soviel wie »Stundenschau«, weil ein Horoskop auf die Geburtsstunde (eigentlich Geburtsminute) genau erstellt wird. Es ist also eine – in Zeichen und Symbole übersetzte – Aufnahme der astrologischen Gestirnskonstellationen zum Zeitpunkt einer Geburt. Es spiegelt die vollständige Persönlichkeit eines Menschen wider.

Im folgenden werden die neben der Sonne wichtigsten Größen eines Horoskops gedeutet: Aszendent, Mond, Merkur, Venus, Mars, Jupiter und Saturn. Sie können mit Hilfe des Geburtstags und der Geburtszeit ihre Position im Tierkreis ermitteln und dann die jeweilige Bedeutung kennenlernen. Die Interpretation dieser Horoskopfaktoren ist manchmal vom Sonnenzeichen des oder der Betreffenden abhängig, im großen und ganzen jedoch nicht. Wenn Sie also zum Beispiel ein Stier wären, dessen Mond im Widder stünde, müßte diese Mondstellung genauso gedeutet werden, wie wenn Sie vom Sonnenzeichen her eine Waage- oder eine Fischepersönlichkeit wären. Entsprechend finden Sie in den verschiedenen Bänden dieser Buchreihe in der jeweiligen Beschreibung des Aszendenten-, Mond-, Merkur-, Venus-, Mars-, Jupiter- und Saturnzeichens die gleichen Aussagen.

Auf der anderen Seite ist es wichtig, zu verstehen, daß die Interpretation einer einzelnen Größe wie zum Beispiel Aszendent, Mond oder Sonne immer nur einen bestimmten Aspekt wiedergibt, der eventuell widersprüchlich zu dem sein kann, was über einen anderen Faktor gesagt ist. Die Kunst der Astrologie beruht aber gerade darauf, Verschiedenes,

eventuell sogar Sich-Widersprechendes miteinander zu verbinden bzw. gemäß der eigenen Intuition und Erfahrung zu gewichten.
Die Tabellen zur Berechnung des Aszendenten, der Mond-, der Merkur-, der Venus-, der Mars- und der Jupiterstellung in diesem Band gelten nur für Ihr Tierkreiszeichen, die Saturntabelle gilt auch für alle anderen Zeichen.

DER ASZENDENT

Von Ihrem Sonnenzeichen her sind Sie ein Jungfraugeborener, dies ist aber wie gesagt nur *ein* Aspekt Ihrer Persönlichkeit. Die Astrologie kennt noch viele andere, wovon der Aszendent der wichtigste ist.
Für die Bestimmung des Aszendenten muß man allerdings die genaue Geburtszeit kennen. Sie ist erfahrbar, weil sie auf dem Standesamt des Geburtsorts festgehalten wird. Wenn Sie also die Zeit, zu der Sie das Licht der Welt erblickt haben, nicht kennen, haben Sie die Möglichkeit, dort anzufragen und um Auskunft zu bitten.
Als ich seinerzeit damit begann, Horoskope zu erstellen, war ich sehr erstaunt darüber, daß die Geburtszeit neben dem Geburtstag in den Büchern der Standesämter festgehalten wird. Der Geburtstag dient dem Staat neben anderen Angaben zur eindeutigen Identifizierung einer Person. Aber welchen Zweck erfüllt für die Bürokratie die Geburtszeit? Für mich liegt darin auch heute noch kein größerer Nutzen als dieser: Durch die schriftliche Fixierung der Geburtszeit liefern die Behörden der Astrologie die wichtigste Berechnungsgrundlage und ermöglichen so jedem Menschen einen Blick auf den ganz persönlichen, einzigartigen Anfang seines Lebens.
Der Aszendent symbolisiert Ihre individuelle Note. Das Sonnen- oder Tierkreiszeichen haben Sie ja gemeinsam mit allen Menschen, die wie Sie zwischen dem 24. August und dem 23. September geboren sind. Der Aszendent jedoch ergibt sich aus Ihrer ganz persönlichen Geburtszeit.
Was ist denn nun der Aszendent? Bekanntlich dreht sich die Erde in zirka 24 Stunden um ihre eigene Achse. Von der Erde aus gesehen, beschreibt die Sonne dabei aber einen Kreis um unseren Planeten. Dieser Kreis wird – ebenso wie beim scheinbaren Kreislauf der Sonne um die Erde innerhalb eines Jahres – in zwölf Abschnitte unterteilt: die

zwölf Zeichen des Tierkreises. Entsprechend steigt am östlichen Horizont etwa alle zwei Stunden ein neues Tierkreiszeichen auf. Dasjenige, das zum Zeitpunkt Ihrer Geburt gerade dort aufging, nennt man »Aszendent« (dieser Begriff ist abgeleitet vom lateinischen Wort *ascendere* = »aufsteigen«).

Die Deutung des Aszendenten ist auch dementsprechend, denn zunächst einmal wollen Ihre Anlagen (repräsentiert durch den Aszendenten) das gleiche wie das Tierkreiszeichen am Himmel, nämlich »aufgehen«. Wenn Sie also Aszendent Widder »sind«, dann strebt die durch dieses Zeichen symbolisierte Kraft danach, in Ihrem Leben aufzugehen und stärker zu werden. Sind Sie Aszendent Fische, dann versuchen sich Fischekräfte in Ihrem Leben bemerkbar zu machen. Man kann auch sagen, daß Ihr Aszendent mit zunehmendem Alter immer stärker wird. Manchmal ergänzen sich Aszendent und Tierkreiszeichen, zuweilen sind sie völlig entgegengesetzt. Entsprechend fällt es einem leichter oder schwerer, seinen Aszendenten zusammen mit seinem »Stern-« bzw. Sonnenzeichen in sein Leben zu integrieren.

DIE ERMITTLUNG DES ASZENDENTEN

A Suchen Sie in Tabelle 1 Ihren Geburtstag, und tragen Sie die zugehörige Zahl in Feld 1 auf Seite 75 ein
(zum Beispiel: 25. August ergibt 318).

B Multiplizieren Sie Ihre Geburtsstunde mit der Zahl 15
(0.00 Uhr ergibt 0; 10.00 Uhr ergibt 150; und 23.00 Uhr ergibt 345).
Tragen Sie die gefundene Zahl in Feld 2 auf Seite 75 ein.

C Teilen Sie Ihre Geburtsminute durch die Zahl 4
(0 Minuten ergibt 0; 10 Minuten ergibt 2,5; 40 Minuten ergibt 10).
Tragen Sie die gefundene Zahl in Feld 3 auf Seite 75 ein.

Tabelle 1

23. August	316
24. August	317
25. August	318
26. August	319
27. August	320
28. August	321
29. August	322
30. August	323
31. August	324
1. September	325
2. September	326
3. September	327
4. September	328
5. September	329
6. September	330
7. September	331
8. September	332
9. September	333
10. September	334
11. September	335
12. September	336
13. September	337
14. September	338
15. September	339
16. September	340
17. September	341
18. September	342
19. September	343
20. September	344
21. September	345
22. September	346
23. September	347
24. September	348

D Suchen Sie in der Landkarte den Abschnitt, in dem Ihr Geburtsort liegt, und tragen Sie die Ortszahl in Feld 4 auf Seite 75 ein (München ergibt 12, Berlin ergibt 13).

E Bilden Sie die Zwischensumme 1 aus Feld 1 bis 4.

F War bei Ihrer Geburt Sommerzeit? Dann muß die Zahl 15 abgezogen werden. Die Sommerzeiten in Deutschland, Österreich und der Schweiz finden Sie in der folgenden Tabelle auf Seite 73 bzw. 74.

G Bilden Sie die Zwischensumme 2. Ergibt sich eine Zahl von über 360, dann muß die Zahl 360 abgezogen werden.

H Bilden Sie die Summe 3.

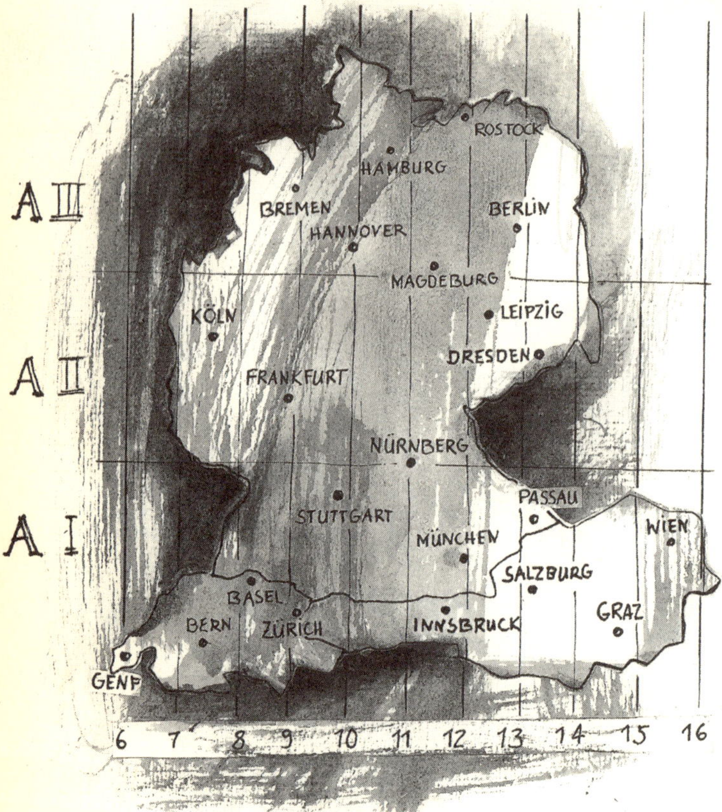
A III
A II
A I
ROSTOCK
HAMBURG
BREMEN
BERLIN
HANNOVER
MAGDEBURG
KÖLN
LEIPZIG
DRESDEN
FRANKFURT
NÜRNBERG
PASSAU
STUTTGART
WIEN
MÜNCHEN
SALZBURG
BASEL
GRAZ
BERN
ZÜRICH
INNSBRUCK
GENF
6
7
8
9
10
11
12
13
14
15
16

Sommerzeiten in Deutschland und Österreich

1940	1. April bis 31. Dezember
1941	1. Januar bis 31. Dezember
1942	1. Januar bis 1. November
1943	29. März bis 3. Oktober
1944	3. April bis 1. Oktober
1945	2. April bis 15. Oktober[1]
1946	14. April bis 7. Oktober
1947	6. April bis 5. Oktober[2]
1948	18. April bis 2. Oktober
1949	10. April bis 1. Oktober (D/sowj. bes. Zone bis 18. November)
1980	6. April bis 27. September
1981	29. März bis 26. September
1982	28. März bis 25. September
1983	27. März bis 24. September
1984	25. März bis 29. September
1985	31. März bis 28. September
1986	30. März bis 27. September
1987	29. März bis 26. September
1988	27. März bis 24. September
1989	26. März bis 23. September
1990	25. März bis 29. September
1991	31. März bis 28. September
1992	29. März bis 26. September
1993	28. März bis 25. September
1994	27. März bis 24. September
1995	26. März bis 23. September
1996	31. März bis 26. Oktober
1997	30. März bis 25. Oktober
1998	29. März bis 24. Oktober
1999	28. März bis 30. Oktober
2000	26. März bis 28. Oktober
2001	25. März bis 27. Oktober
2002	31. März bis 27. Oktober
2003	30. März bis 26. Oktober

[1] Im sowjetisch besetzten Gebiet Deutschlands vom 24. Mai bis 24. September doppelte Sommerzeit (mitteleuropäische Zeit minus 2 Stunden). Wenn Sie davon betroffen sind, sollten Sie sich ein professionell erstelltes Horoskop anfertigen lassen (siehe Info am Ende dieses Buches).

[2] 1947: doppelte Sommerzeit. Siehe Anm. 1.

Sommerzeiten in der Schweiz

1941	5. Mai bis 6. Oktober
1942	4. Mai bis 5. Oktober

Ab **1981** wie Deutschland und Österreich

Bestimmen Sie in Tabelle 2 Ihren Aszendenten. Dabei müssen Sie noch unterscheiden, ob Ihr Geburtsort in Abschnitt AI, AII oder AIII der Landkarte liegt.

Tabelle 2

AI	AII	AIII	Aszendent
270–280	270–279	270–278	Widder
281–284	280–283	279–282	Widder/Stier
285–297	284–295	283–291	Stier
298–303	296–301	292–299	Stier/Zwillinge
304–321	302–319	300–313	Zwillinge
322–330	320–328	314–325	Zwillinge/Krebs
331–355	329–353	326–348	Krebs
356–7	354–5	349–3	Krebs/Löwe
8–35	6–34	4–31	Löwe
36– 48	35–47	32–46	Löwe/Jungfrau
49–77	48–76	47–75	Jungfrau
78–89	77–89	76–89	Jungfrau/Waage
90–117	90–118	90–119	Waage
118–130	119–131	120–132	Waage/Skorpion
131–158	132–160	133–164	Skorpion
159–171	161–173	165–175	Skorpion/Schütze
172–197	174–200	176–204	Schütze
198–208	201–210	205–213	Schütze/Steinbock
209–228	211–230	214–235	Steinbock
229–235	231–237	236–239	Steinbock/Wassermann
236–249	238–251	240–254	Wassermann
250–254	252–255	255–256	Wassermann/Fische
255–265	256–266	257–266	Fische
266–269	267–269	267–269	Fische/Widder

Wenn Ihr Aszendent auf ein doppeltes Zeichen (zum Beispiel Widder/Stier) fällt, ist es ratsam, sich Ihren Aszendenten genau bestimmen zu lassen (siehe Info am Schluß des Buches).

Beispiel: Helga Mustermann, geb. am 25.8.1970 um 12.10 Uhr in Köln

A	Feld 1	Ihr Geburtsdatum ergibt die Tageszahl		318	
B	Feld 2	Ihre Geburtsstunde ergibt die Stundenzahl		180	(12 mal 15)
C	Feld 3	Ihre Geburtsminute ergibt die Minutenzahl		2,5	(10 durch 4)
D	Feld 4	Ihr Geburtsort ergibt die Ortszahl		7,5	
E	Zwischensumme 1			508	
F	Sommerzeit (?)		(–15) nein	–	
G	Zwischensumme 2			508	
		Über 360 (?)	(–360) ja	- 360	
H	**Summe 3**			**148**	

Im Beispiel ist der Aszendent (148 in AII) Skorpion.

Hier können Sie Ihren Aszendenten berechnen

A	Feld 1	Ihr Geburtsdatum ergibt die Tageszahl		______
B	Feld 2	Ihre Geburtsstunde ergibt die Stundenzahl		______
C	Feld 3	Ihre Geburtsminute ergibt die Minutenzahl		______
D	Feld 4	Ihr Geburtsort ergibt die Ortszahl		______
E	Zwischensumme 1			______
F	Sommerzeit (?)		(–15)	______
G	Zwischensumme 2			______
	Über 360 (?)		(–360)	______
H	**Summe 3**			______

Mein Aszendent lautet: ____________________

DIE ASZENDENTEN DER JUNGFRAUEN

Wenn Sie Ihren Aszendenten ermittelt haben, können Sie nun im folgenden etwas darüber erfahren, was er über bestimmte Teilbereiche Ihrer Persönlichkeit aussagt (siehe auch die Vorbemerkung am Beginn von Teil II). Haben Sie ein doppeltes Zeichen errechnet, lesen Sie am besten nach, was über beide geschrieben steht – meistens erkennt man dann schon, welches das wahrscheinlichere ist. Sie können sich aber auch den Aszendenten bzw. ein ganzes Horoskop mit allen Gestirnskonstellationen errechnen lassen (siehe die Info am Ende dieses Buches).

Aszendent WIDDER

Vorteile Direkt, spontan, dynamisch, durchsetzungsstark
Nachteile Ungeduldig, launisch
Aszendentenherrscher Mars

Darüber sollte kein Zweifel bestehen: Sie geben den Ton an, Sie treffen die Entscheidungen – und zwar blitzschnell. Gegenargumente interessieren Sie zunächst einmal herzlich wenig! Manche werden Sie daher gelegentlich »skrupellos« nennen, vielleicht sogar einen »Egoisten« ... Aber was soll man machen? Sie sind nun mal ein temperamentvoller Mensch! Außerdem treten Sie ja niemandem grundlos auf die Füße. Also warum sollten Sie auf Ihre spontane, direkte Art verzichten, nur weil Sie von Schlafmützen umringt sind? Man wird doch wohl noch sagen dürfen, was Sache ist ...! Sie behaupten ja auch nicht, daß Sie mit Ihrem Aszendenten Widder ins diplomatische Korps aufgenommen werden möchten oder eine Beamtenkarriere mit dem Prädikat »gute Führung« anstreben. Dafür sind Sie viel zu temperamentvoll und ungeduldig.
Ihre Qualitäten sind ganz anderer Natur: Überall da, wo Neues entsteht, wo expandiert wird, da haben Sie Ihre große Chance. Sie sind der Ausputzer, und das nicht nur auf dem Fußballfeld. Losstürmen, zupacken, durchgreifen – das können Sie wie kaum ein zweiter.
Obwohl nicht gerade feinfühlig, sind Sie trotzdem sehr beliebt. Im Grunde bleiben Sie ein herrlicher Kindskopf bis ins hohe Alter – sind aber auch mit Achtzig noch unfähig, Ihre Wut und Ungeduld in den Griff zu kriegen.

Aszendenten-Check
Wie ergänzen sich Sonne und Aszendent? Ihr Sonnenzeichen Jungfrau und Ihr Aszendentenzeichen Widder sind widersprüchlich. Das Widderprinzip setzt auf Bewegung und Dynamik, das Jungfrauprinzip auf Ordnung und Statik. Sie geraten daher immer wieder in ein Spannungsfeld zwischen Antrieb und Hemmung. Letztendlich profitieren Sie aber davon, weil Ihre Bewegungen nicht verpuffen und Sie nicht vor lauter Ruhe erstarren.

Aszendent STIER

Vorteile Solide, sachlich, praktisch, sinnlich
Nachteile Stur, inflexibel
Aszendentenherrscher Venus

Von Ihrer Aszendentenkraft her sind Sie ein Praktiker, der das Leben realistisch und mit Hilfe seiner fünf Sinne betrachtet. Wertvoll ist, was gut klingt, angenehm riecht und schmeckt, schön aussieht und sich anfassen läßt. Außerdem sind Sie hedonistisch, also bis in die Zehenspitzen genußorientiert, dabei aber nie leichtsinnig, flatterhaft oder unzuverlässig. Schnaps ist Schnaps, und Dienst ist Dienst! Und ohne Arbeit keine Kohle und ohne Kohle kein Vergnügen! Manche sehen in Ihnen deswegen nichts anderes als einen schnöden Materialisten, ohne zu erkennen, was Sie wirklich sind: Realist nämlich – und praktisch durch und durch, mit beiden Beinen fest auf der Erde.
Was Sie einmal als Ihr Eigentum deklariert haben, lassen Sie sich nur ungern wieder nehmen. Doch Sie sind kein knausriger Mensch; Sie sind durchaus bereit zu teilen, aber niemand darf Sie drängen!
Wenn Sie lieben, würden Sie sogar Ihr letztes Hemd verschenken. In derart rosaroter Stimmung wird aus Ihnen ein Philosoph, der nächtelang über Gott und die Welt räsoniert und sich vom wortkargen und nüchternen Pragmatiker zum redegewandten Charmeur mausert. Ihr Partner darf alles, bloß kein Asket sein – genausowenig aber auch kein lockeres Vögelchen, das Ihr geliebtes Geld zum Fenster rauswirft.

Aszendenten-Check
Wie ergänzen sich Sonne und Aszendent? Ihr Sonnenzeichen Jungfrau und Ihr Aszendentenzeichen Stier ergänzen sich ausgezeichnet. Sie

sind ein Mensch, in dessen Nähe alles wächst und gedeiht. Sie sind realistisch, aber nicht dogmatisch, erdverbunden, aber nicht materialistisch. Etwas stur und inflexibel sind Sie gelegentlich, aber da kann man ja auch bewußt gegensteuern.

Wichtig für Sie: Wo steht Venus? Siehe das Kapitel »Das Venushoroskop – Ihre Liebesfähigkeit«!

Aszendent ZWILLINGE

Vorteile Gewandt, beredt, vielfältig, kommunikativ
Nachteile Zerstreut, unsicher
Aszendentenherrscher Merkur

Lässig wie die Rose am Revers tummeln Sie sich durchs Leben, welches Ihnen, solange Sie in guter Verfassung sind, nie eintönig grau, sondern bunt und vielfältig wie der Blick durch ein Kaleidoskop erscheint. Sie beherrschen oft mehrere Sprachen, bestimmt aber einige Dialekte, und könnten ohne weiteres in völlig unterschiedlichen Branchen arbeiten oder das Management führen. Je unterschiedlicher die Aufgaben sind, die man Ihnen stellt, um so besser werden Sie. Am bemerkenswertesten sind Ihr Redetalent und Ihre Fähigkeit, Kontakte zu schließen. Aber Sie wollen das Leben in allen Nuancen auskosten, sind ungeheuer neugierig und möchten möglichst viele Menschen kennenlernen, und dafür muß man eben reden, reden, reden …
Dogmen, starre Regeln, die Zehn Gebote oder der »Bart des Propheten« lassen Ihnen einen Schauer über den Rücken laufen. Denn Ihrer tiefsten Überzeugung nach hält sich das Leben auch nicht an feste Vorgaben und überkommene Vorstellungen, sondern gleicht eher einer schillernden Seifenblase, einem Glasperlenspiel oder einer Komödie mit ständig wechselnden Rollen.
Es gibt allerdings auch noch eine andere Seite bei Ihnen, der Sie weit weniger Aufmerksamkeit schenken, eine tiefe, hinterfragende, bohrende, verurteilende. Sie spielt Ihren Schatten, dämpft zuweilen Ihren Esprit, zieht Sie sogar manchmal völlig in den Keller.
Freiheit und Unabhängigkeit stehen in Ihrer persönlichen Werteskala an der Spitze, weshalb Sie auch regelmäßig Probleme in festen Beziehungen bekommen.

Aszendenten-Check
Wie ergänzen sich Sonne und Aszendent? Ihr Sonnenzeichen Jungfrau und Ihr Aszendentenzeichen Zwillinge sind schwer unter einen Hut zu bringen. Um es ganz einfach zu sagen: Der »Jungfrauteil« will seine Ordnung, der »Zwillingeteil« möglichst viel erleben. Das kann wahnsinnig nervig, aber auch sehr anregend sein.

Aszendent KREBS

Vorteile Gefühlvoll, häuslich, sensibel, fürsorglich
Nachteile Launisch, abhängig
Aszendentenherrscher Mond

Sie sind ein bißchen rätselhaft und verlieren sich am liebsten in Ihrer eigenen oder anderer Leute Psyche. »Seelentaucher« könnte man Sie nennen … Das Leibliche kommt deswegen aber noch lange nicht zu kurz. Sie sind ein Meister der Küche und würden sich, wenn Sie es drauf anlegten, allemal jede Menge »Kochlöffel« oder »-mützen« verdienen. Aber Sie sind auch scheu. Sie drängen nicht ins Rampenlicht. Über Ihre göttlichen Talente im Bett kann man nur munkeln. Wie kaum jemand anderes können Sie kindlich-ausgelassen albern sein. Aber Sie haben auch Ihre Launen. Wer die verstehen will, studiere zuerst Freuds Psychoanalyse, dann Dantes *Göttliche Komödie* und zum Schluß die hohe Kunst der Zen-Meditation.
In guten Zeiten sind Sie nämlich fröhlich, mit glänzenden Augen, extravertiert. Zwei Tage später vielleicht sind Sie wie verwandelt, stumm, scheu, abwesend, in sich gekehrt und zu wie eine Auster! Rätselhaft! Ein Mensch mit zwei Gesichtern! Und das alles, weil Sie wie kein anderes Tierkreiszeichen vom Mond abhängig sind. Beobachten Sie es einmal: Wird seine Sichel größer, wächst auch Ihr Selbstbewußtsein. Zieht sich der Mond zurück, leidet Ihr Nervenkostüm, die Empfindsamkeit wächst, und aus Angst, sich zu verletzen, ziehen Sie sich hinter Ihren Krebspanzer zurück.

Aszendenten-Check
Wie ergänzen sich Sonne und Aszendent? Ihr Sonnenzeichen Jungfrau und Ihr Aszendentenzeichen Krebs ergänzen sich prima, ja unterstützen sich regelrecht. Denn der »Jungfrauteil« bringt Solidität und

Sicherheit, symbolisch die Erde. Der »Krebsteil« bringt Wasser, damit Fruchtbarkeit. Bildlich gesprochen, kann die Erde der Jungfrau erblühen und reiche Ernte bringen.

Wichtig für Sie: Wo steht der Mond? Siehe das Kapitel »Das Mondhoroskop – Ihre Gefühle«!

Aszendent LÖWE

Vorteile Selbstbewußt, großzügig, herzlich, schöpferisch
Nachteile Stolz, träge
Aszendentenherrscher Sonne

Sie sind ein ganz besonderer Mensch. Sie gehen, sprechen, lächeln anders – nie unscheinbar, sondern immer mit Ausdruck. Ihr Geschmack ist untrüglich, und weil Sie nur das Echte und Ursprüngliche lieben, ist Ihr Leben ziemlich anspruchsvoll und teuer. Dazu kommt eine ungeheure Vitalität (ja, Sie können auch stinkfaul sein, aber das steht auf einem anderen Blatt).
Zurückhaltung, Bescheidenheit und Schamgefühl kommen in Ihrem Repertoire kaum vor. Sie sagen, was Sie denken, und tun, was Sie wollen – und damit basta! Kein Wunder, daß die anderen den Atem anhalten und Sie offen oder heimlich bewundern.
Gibt es allerdings Spannungen und Widersprüche, geben Sie rasch auf. Sie müssen in solchen Situationen verstehen, daß andere einen gewissen Respekt vor Ihnen haben: Sie werden es nicht so leicht wagen, Ihnen mit Forderungen oder gar Kritik zu nahe zu treten. Denn viele haben den Eindruck, daß Sie bei allem Humor und Großmut doch ziemlich abweisend sein können. Halten Sie darauf Ihr Augenmerk, machen Sie es anderen leichter, an Sie heranzukommen, damit Sie sich nicht – völlig unabsichtlich – selbst isolieren.
Wen Sie lieben, schließen Sie voll in Ihr Herz, aber sich einem Menschen zu unterwerfen empfinden Sie als Selbstaufgabe und Demütigung.

Aszendenten-Check
Wie ergänzen sich Sonne und Aszendent? Ihr Sonnenzeichen Jungfrau und Ihr Aszendentenzeichen Löwe kommen schlecht miteinander aus. Ihr »Jungfrauteil« findet Erfüllung in materieller Sicherheit und Ord-

Die Sonne ist die wichtigste Kraft in einem Horoskop

nung. Ihr »Löweteil« jedoch ist erfüllt, wenn er geben kann. Es sind also zwei unterschiedliche Bewegungen, nämlich »zu mir hin« und »von mir weg«. Daraus kann aber auch durchaus eine harmonische Balance werden.

Aszendent JUNGFRAU

Vorteile Zuverlässig, ehrlich, sachlich, beschwingt
Nachteile Pessimistisch, kritisch
Aszendentenherrscher Merkur

Sie haben eine doppelte Jungfraunatur, weil Sie sowohl vom Sonnen- als auch vom Aszendentenzeichen her Jungfrau »sind«. Nun kommt es allerdings ganz darauf an, ob Sie vor oder nach dem Sonnenaufgang geboren wurden. Diese Unterscheidung ist in der Astrologie äußerst wichtig. Sie sollten sich daher ein sogenanntes Radixhoroskop erstellen lassen (siehe die Info am Ende dieses Buches), denn anhand eines solchen Geburtshoroskops läßt sich diese wichtige Frage entscheiden. Vielleicht finden Sie es aber auch beim weiteren Lesen heraus.

Wurden Sie vor oder genau bei Sonnenaufgang geboren, steht Ihre Sonne im ersten Haus. Dann sind sie eine »Paradejungfrau«: solide, praktisch und erdverbunden. Für Sie trifft all das, was über Jungfraugeborene im ersten Teil des Buches geschrieben wurde, in besonderem Maße zu. Was Ihren Beruf anbelangt, sollten Sie versuchen, eine verantwortliche Funktion zu übernehmen, denn dafür spricht diese Gestirnskonstellation.

Wurden Sie hingegen nach Sonnenaufgang geboren, sind Sie eher ein nachdenklicher, sensibler Mensch, der es nicht leicht hat, seine Jungfraunatur zu leben. Sie verfügen dafür über besondere mentale Begabungen, sind musisch veranlagt und Ihrer Zeit häufig voraus. Durch unkonventionelles und schöpferisches Denken können Sie neue (berufliche) Wege einschlagen. Wichtig ist, daß Sie Ihr soziales Verantwortungsgefühl entwickeln, denn Sie sind ein Mensch, den es nicht glücklich macht, wenn er nur an sich selbst denkt: Sie haben anderen – der Gesellschaft als Ganzes – etwas zu geben.

Aszendenten-Check

Wie ergänzen sich Sonne und Aszendent? Sonnen- und Aszendentenzeichen sind gleich und verstärken sich gegenseitig.

Aszendent WAAGE

Vorteile Anmutig, charmant, stilvoll, neutral
Nachteile Abhängig, unecht
Aszendentenherrscher Venus

Mit Ihrer entgegenkommenden, freundlichen Art gelingt es Ihnen schnell, Kontakt zu anderen zu finden, und Sie wissen sofort, was Ihre Mitmenschen möchten. Bei Ihnen selbst blicken Sie allerdings weniger gut durch. Spontane Entscheidungen fallen Ihnen besonders schwer. Sie müssen alles genau abwägen, und häufig entscheiden dann andere für Sie.

Das ist auch in Partnerschaften der Fall. Wenn Sie am Anfang einer Liebe stehen, mag das noch angehen, aber auch dann, wenn eine Beziehung zu Ende geht, treffen eher Ihre Partner die Entscheidung, obwohl Sie in Wirklichkeit längst mit dem Gedanken einer Trennung gespielt haben.

Kreativität ist Ihnen angeboren. Sie haben Geschmack, Stil und tolle Einfälle. Der Nachteil: Alltagsroutine fällt Ihnen schwer. Am liebsten würden Sie immer nur schwelgen, lieben, die Welt verschönern ... Und zwar nicht nur äußerlich, sondern auch atmosphärisch. Sie sind bemüht, harte Kontraste und kantige Widersprüche in Ihrer Umgebung nach Möglichkeit zu vermeiden. Unter Freunden, in einer Partnerschaft oder Familie genauso wie in einem Arbeitsteam sorgen Sie für eine angenehme, heitere und entspannte Atmosphäre.

Das ist großartig, wenn es darum geht, Konflikte zu vermeiden oder Streithansel zu versöhnen. Aber es kann auch des Guten zuviel werden, nämlich dann, wenn Sie Unstimmigkeiten grundsätzlich aus dem Weg gehen. Lernen Sie, daß ein gewisses Maß an Streit und Auseinandersetzungen zu einem erfüllten Leben gehören!

Aszendenten-Check

Wie ergänzen sich Sonne und Aszendent? Ihr Sonnenzeichen Jungfrau und Ihr Aszendentenzeichen Waage sind schwer unter einen Hut zu bekommen. Denn als Jungfrau sind Sie ein Realist und Praktiker, Ihr Aszendent Waage jedoch stiftet Sie zur Muse und Beweglichkeit an. Lernt man aber, beiden Anteilen in ausgewogenem Maße gerecht zu werden, handelt es sich um eine interessante Kombination.

Wichtig für Sie: Wo steht Venus? Siehe das Kapitel »Das Venushoroskop – Ihre Liebesfähigkeit«!

Aszendent SKORPION

Vorteile Furchtlos, unergründlich, leidenschaftlich
Nachteile Mißtrauisch, starr
Aszendentenherrscher Pluto

Nach außen hin pflegen Sie den Kult des geheimnisvollen Unbekannten: Keiner soll wissen, wie's in Ihrem Inneren aussieht. Sie selbst allerdings lesen in anderen wie in einem offenen Buch: Sie haben den Röntgenblick und einen »körpereigenen Lügendetektor« noch dazu. Gnadenlos decken Sie auf, wo immer mit gezinkten Karten gespielt wird, und legen, wenn's sein muß, den Finger genau in die offene Wunde. Stets sind Sie auf der Suche nach dem Echten und Wahren und weisen alles Künstliche und Oberflächliche kompromißlos ab.
Allerdings gibt es bekanntlich immer mehrere Wahrheiten – und hier beginnt das Problem: Sie neigen nämlich dazu, Ihre Meinung (oder diejenige, der Sie sich angeschlossen haben) zur alleinseligmachenden zu erklären. Sie müssen lernen, von einseitigen Vorstellungen loszukommen.
Ihr Lebensstil wird weniger von äußerlicher Bequemlichkeit geprägt als von Entschlossenheit und Konsequenz. Sie brauchen daher Herausforderungen. Es ist sogar so, daß Sie um so mehr leisten, je größer Ihre Aufgaben sind.

Aszendenten-Check
Wie ergänzen sich Sonne und Aszendent? Ihr Sonnenzeichen Jungfrau und Ihr Aszendentenzeichen Skorpion ergänzen sich – ebenso wie etwa beim Aszendenten Krebs – prima, ja unterstützen sich regelrecht. Denn der »Jungfrauteil« bringt Solidität und Sicherheit, symbolisch die Erde. Der »Skorpionteil« bringt Wasser, damit Gefühl, Tiefe und

Fruchtbarkeit. Bildlich gesprochen, kann auch hier die Erde der Jungfrau erblühen und reiche Ernte bringen.

Aszendent SCHÜTZE

Vorteile Optimistisch, aufgeschlossen, mitreißend, jovial
Nachteile Unrealistisch, leichtgläubig
Aszendentenherrscher Jupiter

Ihr Leben ist eine fortwährende Suche nach Abwechslung und Überraschung, Änderung und Verwandlung: Es gibt für Sie keine größere Horrorvorstellung als die Aussicht, daß alles so bleibt, wie es ist. Als Maßnahme gegen die Langeweile stürzen Sie sich ins Abenteuer, treiben exzessiven Sport, fahren schnelle Autos und verbringen Ihren Urlaub abseits jeder touristischen Trampelroute. Streß und Improvisation sind die Motoren, die Sie antreiben und zu Höchstleistungen trimmen. Karriere machen Sie daher bestimmt nicht dort, wo Routine das wichtigste ist.
Parallel zu draußen ist auch drinnen Action angesagt: Sie kennen die Macht der Phantasie und zaubern daraus wie aus einer magischen Wundertüte immer wieder etwas Neues, Buntes hervor.
Ihr Auftreten ist dynamisch. Ausstrahlung braucht der erfolgreiche Mensch, Faszination, Charisma, Sex-Appeal! Und Sie strotzen von alledem! Wer es sich grundlegend mit Ihnen verderben will, braucht nur die Unwahrheit zu sagen. Lügen verachten Sie. Man darf von Ihnen auch nicht erwarten, daß Sie Ihre aufrichtige Meinung verbergen. Sie sagen, was Sie denken, und verärgern damit oft andere.

Aszendenten-Check
Wie ergänzen sich Sonne und Aszendent? Sie haben beides, Inspiration und einen gesunden Menschenverstand. Aber Sie brauchen Ziele, die Sie begeistern, und Menschen, die Sie begeistern können. Zuweilen kommen Sie in Konflikt zwischen Ihrer materiellen und Ihrer ideellen Seite. Aber das macht Sie letzten Endes nur weise.

Wichtig für Sie: Wo steht Jupiter? Siehe das Kapitel »Das Jupiterhoroskop ...«!

Aszendent STEINBOCK

Vorteile Sachlich, objektiv, gerecht, zäh
Nachteile Hart, kalt
Aszendentenherrscher Saturn

Sie sind ein Mensch für den zweiten Blick, nicht besonders auffällig oder selbstbewußt, auch nicht unbedingt umwerfend charmant. Aber Sie sind entschlossen, zäh und willensstark. So wie die richtigen Steinböcke in den Bergen für ein Leben droben unterm Gipfel geschaffen sind, gehören auch Sie hinauf – und werden dort eines Tages landen. Auf jeden Fall haben Sie die richtigen Voraussetzungen für einen Gipfelsturm: Sie sind genügsam, zäh und ausdauernd.

Ihre berufliche Ausgangslage ist also bestens. Sie sind dafür prädestiniert, Verantwortung zu übernehmen, andere zu führen und ihnen ein Vorbild zu sein. Weil Sie die Dinge »von oben herab« betrachten, vertreten Sie ein übergeordnetes Prinzip, das Sie zum Wohle aller einzusetzen in der Lage sind. In der Organisation und Verwaltung leisten Sie Hervorragendes.

Doch alles hat seinen Preis. Weil Sie für einen harten Lebenskampf gerüstet sind, ist Ihr Gefühlsleben entsprechend spärlich. Sie haben in aller Regel schon früh erfahren, daß das mit den Gefühlen so eine Sache ist, daß sie verletzlich und hilflos machen ... Also besser, man zeigt sie nicht. Daraus wurde mit der Zeit eine Gewohnheit.

Aszendenten-Check

Wie ergänzen sich Sonne und Aszendent? Ihr Sonnenzeichen Jungfrau und Ihr Aszendentenzeichen Steinbock gehören beide dem Erdelement an und ergänzen sich daher bestens: Sie sind ein praktischer, realistischer Mensch, der sein Augenmerk auf die Dinge richtet, die sein Leben bequem und sicher machen können. Was dabei zu kurz kommen könnte, wenn Sie nicht von sich aus darauf achten, sind Gefühle und Intuition, alles Bereiche, die sich nicht so ohne weiteres »erschaffen« lassen. Suchen Sie daher den Kontakt mit »Wassermenschen« – also Krebsen, Skorpionen und Fischen.

Aszendent WASSERMANN

Vorteile Human, frei, unkonventionell, erfinderisch
Nachteile Abgehoben, nervös
Aszendentenherrscher Uranus

Sie haben die richtige Mischung aus kühler Vernunft, exzentrischen Angewohnheiten und schöpferischer Phantasie. Virtuos beherrschen Sie die feinsten gesellschaftlichen Umgangsformen und verachten dennoch jede Regel. Ihr bestbehütetes Gut ist Ihre Unabhängigkeit. Um sie zu retten, opfern Sie auch mal eine sichere, aber sterbenslangweilige Karriere als Beamter oder Angestellter im öffentlichen Dienst. Routine, Arbeit nach Vorschrift und Vorgesetzte, die Ihnen wie Geier aufs Aas auf die Finger starren, bedeuten das Aus für Ihr sprühendes Temperament.
Ihr Charakter zeigt eine gewisse Ähnlichkeit mit »Luft«. So sind Sie vom Wesen her sehr transparent und offenbaren sich leicht anderen Menschen. Und Sie lassen sich auch nur schwer greifen und begreifen und lösen sich wie Luft auf, wenn man Sie einmal wirklich packen möchte. Gefühle und Leidenschaften sind Ihnen vertraut. Aber diese berühren Sie niemals heftig und tief. Daher erfreuen Sie sich auch im Regelfall einer inneren Harmonie und Gelassenheit. Ihr Temperament ist eher fröhlich, heiter – sanguinisch.

Aszendenten-Check
Wie ergänzen sich Sonne und Aszendent? Ihr Sonnenzeichen Jungfrau und Ihr Aszendentenzeichen Wassermann sind schwer miteinander zu vereinbaren. Der »Jungfrauteil« sucht Ordnung, Zuverlässigkeit und Wiederholbarkeit, der »Wassermannteil« bevorzugt Abwechslung, Unstetigkeit und Dynamik. Das kann wahnsinnig nervig, aber – bei genügend »Arbeit« an sich selbst und geistiger Aufgeschlossenheit – auch sehr anregend sein.

Aszendent FISCHE

Vorteile Geheimnisvoll, intuitiv, sensibel, verständnisvoll
Nachteile Unsicher, unrealistisch
Aszendentenherrscher Neptun

Sie sind ein ewiges Rätsel! Naiv wie ein Kind, mysteriös wie eine Sphinx – mal messerscharf denkend, ja fast schon genial, dann wieder völlig abwesend, träumend, zerstreut, unfähig, die einfachsten Dinge auf die Reihe zu bringen. Gewöhnungsbedürftig für alle, die mit Ihnen leben, sind die Phasen, in denen Sie im Chaos versinken, sich gehenlassen und vernachlässigen.
Am erstaunlichsten ist Ihre Intuition – Ihre fast schon übersinnlichen Fähigkeiten: als könnten Sie Gedanken lesen, in die Zukunft blicken und hellsehen. Als Frau sind Sie noch eine Spur mysteriöser, obwohl Sie als Mann natürlich ebenfalls diesen »Faktor X« besitzen, ihn aber lieber vor der Öffentlichkeit verbergen. Auf der anderen Seite lassen Sie auch kaum ein Fettnäpfchen aus: Wenn's darum geht, sich so richtig schön danebenzubenehmen, kann Ihnen keiner das Wasser reichen! Auch das ist ein Grund, warum Sie sich oft so einsam und unverstanden fühlen: »Keiner liebt mich, keiner versteht mich …« – ist das nicht Ihr Lieblingsvorwurf gegenüber dem Rest der Welt? Irgendwann werden Sie verstehen, warum Sie häufig allein sind: weil Sie so am glücklichsten sind! Das heißt jetzt nicht, daß Sie ins Kloster oder ins Himalajagebirge gehören. Im Gegenteil! Sie sind eine derartig schillernde und reizende Person, daß es nichts Schöneres gibt, als mit Ihnen den ewigen Reigen der Wassernymphen und Faune zu tanzen: locken, sich fangen lassen, entkommen, lachen und davonlaufen …

Aszendenten-Check
Wie ergänzen sich Sonne und Aszendent? Ihr Sonnenzeichen Jungfrau und Ihr Aszendentenzeichen Fische liegen sich im Tierkreis gegenüber, sind daher sehr verschieden. Trotzdem ergänzen sie sich auch. Denn der »Jungfrauteil« bringt symbolisch die Erde. Der »Fischeteil« bringt Wasser und damit Fruchtbarkeit.

Das Mondhoroskop – IHRE GEFÜHLE

Im folgenden Kapitel geht es darum, in welchem Zeichen der Mond zum Zeitpunkt Ihrer Geburt stand. Denn der Mond ist in der Astrologie neben der Sonne das bedeutsamste Gestirn.

Mondzeichen

Der Mond

»Au clair de la lune,
mon ami Pierrot,
prête-moi ta plume,
pour écrire un mot.
Ma chandelle est morte,
je n'ai plus de feu.
Ouvre-moi ta porte
pour l'amour de Dieu.«

Im Schein des Mondes,
mein Freund Pierrot,
leih mir deine Feder,
um ein Wort zu schreiben.
Meine Kerze ist aus,
ich habe kein Feuer mehr.
Öffne mir deine Türe
um der Liebe Gottes willen.

Französisches Volkslied

In einem Schöpfungsmythos heißt es, der Mond sei ein Kind der Erde. Ein anderer beschreibt ihn als Teil unseres Planeten, den dieser aus sich herausgerissen und in den Himmel geschleudert habe, um damit Raum für das Wasser der großen Ozeane zu schaffen: Und dieses Wasser brachte der Erde Fruchtbarkeit. Zu letzterer Geschichte würde passen, daß das Volumen des Mondes, großzügig bemessen, etwa so groß ist wie der Raum, den alle Meere zusammen einnehmen. Doch schon die frühesten Analysen von Mondgestein ergaben, daß Mond und Erde wegen des signifikanten Unterschieds der Beschaffenheit eine andere Entstehungsgeschichte haben müssen.

In allen Mythen, Geschichten und Erzählungen über den Mond wird er als weiblich, die Sonne hingegen als männlich gesehen. In den romanischen Sprachen setzt sich diese Tradition im grammatischen Geschlecht fort: So heißen Mond und Sonne beispielsweise im Italienischen *la luna* und *il sole* und im Französischen *la lune* und *le soleil.*

Von einem Vollmond bis zum nächsten verstreichen 28 Tage. Genauso lange dauert der Zyklus einer Frau. Schon dadurch ist die Beziehung zwischen Weiblichkeit und Mond überdeutlich: Die Sonne wird mit dem Männlichen assoziiert, der Mond mit dem Weiblichen.

Sonne	**Mond**
männlich	weiblich
Vater	Mutter
direkt	indirekt
ausstrahlend	empfangend
Verstand	Gefühl
aktiv	passiv
bestimmend	sorgend
logisch	intuitiv

Auch in der Astrologie verkörpert die Sonne zunächst einmal den Mann und der Mond die Frau. Die Frau ist ihrem Mond näher als ihrer Sonne.

Nehmen wir als Beispiel eine Dame mit der Sonne im Widder (also dem Tierkreiszeichen Widder) und dem Mond im Krebs. Sie wird sich nicht richtig verstanden fühlen, wenn sie in einem Astrologiebuch über ihr Tierkreiszeichen Widder liest, sie sei dynamisch, rücksichtslos, spontan, selbstsicher. Erfährt sie jedoch dann, was über den Mond im Krebs geschrieben steht – gefühlvoll, häuslich, anhänglich, fürsorglich –, wird sie sich sofort wiedererkennen. Mit anderen Worten: Eine Frau müßte eigentlich bei ihrem Mondzeichen nachlesen und nicht bei ihrem Sonnen- bzw. Tierkreiszeichen. Die gängige Astrologie ist offenbar stark am Mann orientiert: Ein Sonnen- oder Tierkreiszeichen-Horoskop findet man beinahe in jeder Zeitung, das Mondzeichen-Horoskop hingegen in kaum einer einzigen – was aber natürlich auch daran liegen dürfte, daß das Mondzeichen für den Leser schwieriger als das Sonnenzeichen zu ermitteln ist.

Je eher eine Frau jedoch ihre traditionelle Rolle verändert, nicht mehr nur Mutter und Hausfrau ist, sondern »ihren Mann steht«, um so mehr wird sie auch ihre Sonne leben. Allerdings wäre es jetzt wiederum völlig falsch, ihren Mond unberücksichtigt zu lassen.

Eine bewußte und emanzipierte Frau schöpft idealerweise aus Sonne und Mond: Führungsaufgaben, die von Männern in der Regel hierarchisch-gebieterisch gelöst werden, gehen Frauen meist anders an – sie lassen mehr Nähe (Mond) zu und können ihre Mitarbeiter dadurch viel besser motivieren. Auch bei Entscheidungen sind Frauen, die sowohl Logik (Sonne) als auch Intuition (Mond) zulassen können, Männern – wenn letztere sich denn nur »nach der Sonne richten« – um ein beträchtliches überlegen.

Sind bei einer Tätigkeit die dem Mond zugeschriebenen Eigenschaften beteiligt, fühlt man sich wohl, zu Hause, geborgen, mit sich stimmig. Darüber hinaus gibt es viele Bereiche, in denen mit Gefühl, Intuition, Geschmack, Ahnung, Atmosphäre und Stimmigkeit besser und erfolgreicher gearbeitet werden kann. Man denke nur an Kunst, Politik und das Heilen. Aber auch in der Wirtschaft müssen immer wieder Entscheidungen getroffen werden, bei denen man nichts in der Hand hat als eben ein gutes bzw. ein schlechtes Gefühl.

DIE ERMITTLUNG DES MONDZEICHENS

Um »Ihren persönlichen Mond« zu finden, gehen Sie nach der folgenden Beschreibung vor:

A Entnehmen Sie Ihre Jahres-Monatszahl der *Tabelle 1*:

Jahr*	Aug.	Sep.	Jahr	Aug.	Sep.	Jahr	Aug.	Sep.
1920	326	14	1948	77	129	1976	200	253
1921	94	148	1949	216	269	1977	335	23
1922	234	284	1950	350	35	1978	101	145
1923	1	46	1951	112	157	1979	221	269
1924	137	185	1952	248	300	1980	11	65
1925	265	319	1953	30	81	1981	145	193
1926	46	95	1954	160	205	1982	271	315
1927	172	216	1955	282	328	1983	31	80
1928	307	356	1956	60	112	1984	184	236
1929	76	130	1957	201	252	1985	316	353
1930	218	265	1958	330	15	1986	81	125
1931	341	26	1959	92	126	1987	203	253
1932	117	167	1960	231	284	1988	355	42
1933	248	302	1961	13	32	1989	127	173
1934	29	76	1962	140	184	1990	251	295
1935	151	196	1963	262	308	1991	14	64
1936	287	237	1964	43	96	1992	166	219
1937	60	114	1965	184	233	1993	297	343
1938	199	246	1966	310	355	1994	61	105
1939	322	6	1967	72	118	1995	185	236
1940	97	148	1968	215	268	1996	337	29
1941	232	286	1969	354	43	1997	108	154
1942	9	55	1970	121	165	1998	230	275
1943	132	176	1971	241	288	1999	357	49
1944	268	318	1972	27	81	2000	148	199
1945	45	97	1973	165	213	2001	279	324
1946	179	225	1974	291	325	2002	40	84
1947	302	347	1975	52	98	2003	169	222

B Entnehmen Sie Ihre Tageszahl aus *Tabelle 2*:

Tag	Zahl	Tag	Zahl	Tag	Zahl
1.	0	11.	132	21.	265
2.	13	12.	145	22.	278
3.	26	13.	159	23.	291
4.	40	14.	172	24.	304
5.	53	15.	185	25.	317
6.	66	16.	199	26.	331
7.	79	17.	212	27.	344
8.	92	18.	225	28.	357
9.	105	19.	238	29.	11
10.	119	20.	252	30.	24
				31.	37

C Entnehmen Sie die Stundenzahl aus *Tabelle 3*:

Geboren um	Punkte	Geboren um	Punkte
0–2 Uhr	–6	12–14 Uhr	+1
2–4 Uhr	–5	14–16 Uhr	+2
4–6 Uhr	–4	16–18 Uhr	+3
6–8 Uhr	–3	18–20 Uhr	+4
8–10 Uhr	–2	20–22 Uhr	+5
10–12 Uhr	–1	22–24 Uhr	+6

Ohne Geburtszeit beträgt die Stundenzahl 0.

* Sämtliche Planetentabellen beginnen mit dem Jahr 1920. Das bedeutet jedoch in gar keiner Weise, daß ältere Leser nicht angesprochen werden sollten. Aber irgendwo muß einfach ein Schnitt gezogen werden. Älteren Lesern wird empfohlen, sich ihre Planetenpositionen anhand eines Geburtshoroskops berechnen zu lassen (siehe Info am Ende dieses Buches).

Beispiel: Geburtstag am 25. August 1970, -zeit 12.10 Uhr:

A	Jahres-Monatszahl		121
B	Tageszahl		317
C	Stundenzahl		1
	Summe		439
	wenn über	360 (–360)	360
	Summe total		**79**

Das Mondzeichen lautet Zwillinge. Für dieses Beispiel kommt also der Text »Mond in den Zwillingen« in Frage.

Hier können Sie Ihren persönlichen Mond bestimmen:

A	Jahres-Monatszahl		165
B	Tageszahl		317
C	Stundenzahl		-5
	Summe		477
	wenn über	360 (–360)	-360
	Summe total		117

Die Auswertung:

Total	Mond im Zeichen
9–20	Widder
21–38	Widder/Stier
39–50	Stier
51–68	Stier/Zwillinge
69–80	Zwillinge
81–98	Zwillinge/Krebs
99–110	Krebs
111–128	Krebs/Löwe
129–140	Löwe
141–158	Löwe/Jungfrau
159–170	Jungfrau
171–188	Jungfrau/Waage
189–200	Waage
201–218	Waage/Skorpion
219–230	Skorpion
234–248	Skorpion/Schütze
249–260	Schütze
261–278	Schütze/Steinbock
279–290	Steinbock
291–308	Steinbock/Wasserm.
309–320	Wassermann
321–338	Wassermann/Fische
339–350	Fische
351–8	Fische/Widder

Ihr persönliches Mondzeichen lautet ______________________

DIE MONDZEICHEN DER JUNGFRAUEN

Wenn Sie Ihr Mondzeichen herausgefunden haben, können Sie nun ähnlich wie beim Aszendenten im folgenden etwas darüber erfahren, was es über Ihre Persönlichkeit aussagt (siehe auch die Vorbemerkung am Beginn von Teil II dieses Buches). Haben Sie ein doppeltes Zeichen ermittelt, lesen Sie wieder am besten nach, was über beide Zeichen geschrieben steht – Sie erkennen dann wie gesagt sicher schon, welches das zutreffendere ist. Im Zweifelsfall können Sie sich aber auch ein genaues Horoskop errechnen lassen (siehe Info am Ende des Buches).

Mond im Widder – FEURIG

Mondstärken Gern etwas unternehmen. Direktheit, Selbständigkeit, Ichhaftigkeit. Suche nach eigenständiger Wirksphäre. Intensives Phantasieleben. Musikalische oder bildnerische Begabung. Unkonventionelle berufliche Wege einschlagen. Ideenträger sein. Erspüren von Macht

Mondschwächen Aggressivität. Spannung

Sie sind ein außergewöhnlich reizender Mensch, wirken jung, unschuldig, unkompliziert, und ein entwaffnender Charme nimmt Ihrem Angriff jeden Stachel. Sie äußern sich sofort, wenn Ihnen etwas nicht paßt. Diplomatie zählt nicht zu Ihren Stärken. Sie geben sich unverstellt und haben Ihr Herz am rechten Fleck. Sie können aber auch, und das erstaunt bei Ihnen, sehr empfindlich sein. Versucht man, Ihre Angriffe zu parieren, reagieren Sie mit so großer Betroffenheit, daß man seine eigene Rage schnell wieder vergißt. Am schlechtesten ertragen Sie, wenn Sie übersehen werden: Ohne Erfolgserlebnisse wandeln Sie sich trotz Ihres feurigen Widdermonds in ein Lamm, das resigniert auf bessere Zeiten wartet.

Ihre Liebesfähigkeit: Wer Sie liebt, lebt im siebten Himmel oder in der zehnten Hölle. Andere Varianten des Daseins gibt es für Sie kaum. Mit Ihnen kann man reisen, jeden Sport treiben und jederzeit ein gemeinsames Geschäft eröffnen. Eine Person, die zu Hause geduldig auf ihren Allerliebsten wartet, sind Sie aber gewiß nicht.

Mond-Check

Wie weiblich macht mich mein Mond? Nicht besonders stark. Widder ist ein sehr männliches Zeichen.

Wie mütterlich macht mich mein Mond? Sie sind der Typ »Kumpel zum Pferdestehlen«, aber kein ausgeprägter Muttertyp.

Wie gefühlvoll macht mich mein Mond? Sie sind sehr feurig.

Aber das bedeutet nicht, daß Sie besonders gefühlvoll sind.

Wie intuitiv macht mich mein Mond? Sie haben starke Ahnungen und Wahrträume.

Mond im Stier – ERDIG

Mondstärken Gern leben und genießen. Gefestigtes Gefühlsleben. Naturliebe. Musikalität (besonders Gesang). Sammelleidenschaft. Gutmütigkeit. Häuslichkeit. Geschmack. Praktische Begabung. Fühlen, was Sache ist. »Geld riechen«

Mondschwächen Antriebsarmut. Materialismus

Sie stehen mit beiden Füßen fest auf Mutter Erde, aber nur dort, wo etwas gedeiht. Sie handeln und denken praktisch und verlieren nie den finanziellen Aspekt aus den Augen. Über Geldmangel brauchen Sie jedenfalls nicht zu klagen. Denn wer den Mond im Stier hat, den beschenken auch die Sterne. Zudem sind Sie eine äußerst sinnliche Person. Und mit diesem Potential glänzen Sie nicht nur in der Liebe. Sie können beispielsweise phantastisch kochen.

Ihre Liebesfähigkeit: Eine hervorstechende Eigenschaft ist Ihr Mut. Sie folgen einem Partner in die Antarktis oder heiraten einen Zirkusartisten. Ausgefallenes oder Skurriles weckt Ihr Interesse und nicht selten Ihre Leidenschaft. Sie suchen einen richtigen Partner, weil Sie wissen, daß Sie auch allein leben könnten. Im anderen Lager stehen Sie daher hoch im Kurs. Sie beschwören einerseits den Traum von himmlischer Liebe, entsprechen aber gleichzeitig dem Wunsch nach einem sehr bodenständigen, praktischen Partner. Im Umgang mit Ihnen zählt Respekt. Auf Achtlosigkeit reagieren Sie zunächst höflich, dann kalt, und schließlich schwören Sie Rache – und führen sie aus.

Mond-Check

Wie weiblich macht mich mein Mond? Sie sind sehr weiblich; beinahe so etwas wie der Inbegriff von Weiblichkeit (so Sie eine Frau sind).
Wie mütterlich macht mich mein Mond? Sie haben gern Kinder und Familie.
Wie gefühlvoll macht mich mein Mond? Sie besitzen ein sehr natürliches und selbstverständliches Gefühlsleben.
Wie intuitiv macht mich mein Mond? Sie sind allen Geschöpfen der Natur sehr nah und beziehen aus der Natur Kraft und Intuition.

Mond in den Zwillingen – HEITER

Mondstärken Gern reden und kontaktieren. Vielseitigkeit, Ausdrucksfähigkeit, Kontakt- und Kommunikationsfreude. Schriftstellerische Begabung. Leichten Zugang zum Seelischen. Andere Menschen intuitiv erfassen. Sich gut darstellen können. Andere überzeugen können

Mondschwächen Oberflächlichkeit. Manipulation. Enttäuschungen

Mit Ihrem Zwillingemond sind Sie ein heiterer, fröhlicher Mensch, der sein Gefühlsleben prima im Griff hat. Besondere Talente besitzen Sie darin, andere zu unterhalten und zwischen Menschen zu vermitteln. Sie werden daher gern von solchen aufgesucht, die allein sind. Über Ihre Gefühle zu reden macht Ihnen keinerlei Probleme. Mit Unausgesprochenem, Erfühltem und Erahntem können Sie wenig anfangen. Das hilft Ihnen zwar, einen klaren Kopf zu bewahren. Aber es entgeht Ihnen auch etwas, nämlich die schöne Erfahrung, sich in Zusammenhänge eingebunden zu erleben, die den eigenen Verstand übersteigen. Sich einfach einmal von den Wogen der Gefühle mitreißen zu lassen und sich ihnen hinzugeben, das sollten Sie ausprobieren.

Ihre Liebesfähigkeit: Auch die Liebe nehmen Sie wie Ihr Leben: leicht und bunt und bar aller Ernsthaftigkeit. Einem Schmetterling gleich flattern Sie von einem Höhepunkt zum nächsten und, wenn sich die Gelegenheit ergibt, auch mal von einem Partner zum anderen. Ihre Unabhängigkeit ist Ihnen so wichtig, daß Sie lieber allein leben, als in einer engen Zweierbeziehung zu ertrinken (wie Sie es nennen). Sie brauchen Ihre Freiheit.

Mond-Check

Wie weiblich macht mich mein Mond? Das Zeichen Zwillinge ist ein männliches; entsprechend männlich sind auch Sie.
Wie mütterlich macht mich mein Mond? Sie sind absolut kein »Muttertyp«.
Wie gefühlvoll macht mich mein Mond? Sie haben schwer Zugang zu tiefen Gefühlen.
Wie intuitiv macht mich mein Mond? Sie sind sehr intuitiv und berühren leicht Seelisches.

Mond im Krebs – GEFÜHLVOLL

Mondstärken Gern für andere dasein. Die Umwelt atmosphärisch erfassen. Erlebnistiefe. Seelische Beeindruckbarkeit. Naturverbundenheit. Starke unbewußte Kräfte. Mütterlichkeit. Häuslichkeit. Starkes Innenleben. Einfühlungsgabe. Weibliche Logik. Telepathische Fähigkeiten

Mondschwächen Täuschungen. Sich im Unbegriffenen verstricken. Probleme durch gespannte Mutterbeziehung

Sie können scherzen wie ein übermütiges Kind und die Welt mit glänzenden Augen betrachten. Sie können aber auch stumm, scheu, in sich gekehrt, abwesend und wie von einem unsichtbaren Panzer umgeben erscheinen. Wer den Mond im Krebs hat, verändert sich mit dem Wandel dieses Trabanten. Wird seine Sichel schmäler, ziehen Sie sich zurück. Nähert er sich jedoch seiner vollen, strahlenden Gestalt, wächst auch Ihr Mut. Streß und Druck versetzen Sie in Panik. Sie erledigen dann zwar Ihre Arbeit, aber von Ihrer Genialität bleibt wenig übrig.

Ihre Liebesfähigkeit: Die Liebe beherrschen Sie am vollkommensten. Sie sind anschmiegsam und lieben das Behagliche und auch Beharrliche. Um der Liebe willen würden Sie selbst am Nordpol leben; und auch dort wird es dann fein und kuschelig. Natürlich hat soviel Hingabe ihren Preis: Menschen mit dem Mond im Krebs wollen ihren Partner ganz und immer. Kompromisse gibt es nicht.

Mond-Check

Wie weiblich macht mich mein Mond? Der Krebsmond macht Sie extrem weiblich.

Wie mütterlich macht mich mein Mond? Eigene Kinder und eine Familie, für die Sie sorgen können, gehören zum Wichtigsten in Ihrem Leben.

Wie gefühlvoll macht mich mein Mond? Sie haben ein sehr starkes Gefühlsleben.

Wie intuitiv macht mich mein Mond? Ihre Träume und Ihre Intuition haben große Tiefe. Sie verfügen außerdem über große heilerische Fähigkeiten.

Mond im Löwen – STOLZ

Mondstärken Sich gern darstellen. Selbstvertrauen haben. Verantwortung übernehmen können. Künstlerische Kreativität. Ausdruckskraft. Sich für Schwächere einsetzen. Gerechtigkeitsempfinden. Unternehmungsgeist und Risikofreude. Schauspielerische Talente. Andere positiv motivieren können. Repräsentieren können

Mondschwächen Autoritätsprobleme mit weiblichen Vorgesetzten. Anlage zu Theatralik und Cholerik

Sie zeichnen sich durch einen superben Geschmack und eine untrügliche Nase für das Echte aus, sind vital, schöpferisch, originell, und Sie besitzen ein Herz aus purem Gold. In gewisser Weise ähneln Sie ganz dem Löwen, dem König unter den Tieren; auch in Ihren Adern fließt freies, ja königliches Blut. Die Beziehung zum Feuerelement ist ausgesprochen stark. Feuer, Wärme, Sonne sind Ihr Lebenselixier. Sie müssen daher immer wieder in den Süden, um Hitze aufzutanken.

Ihre Liebesfähigkeit: Wer mit Ihnen lebt, muß über ein Thema erhaben sein: Gleichberechtigung. Eine Frau oder ein Mann mit dem Mond im Löwen führen an und bestimmen den Ton. Dafür besitzt man in Ihnen einen Schatz, eine lächelnde Sonne, einen Menschen, der auf der angenehmen und erfolgreichen Seite des Lebens geht. Da muß Ihr Partner schon diesen Einsatz bringen ...

Mond-Check
Wie weiblich macht mich mein Mond? Löwemond-Menschen sind feurig und stark.
Wie mütterlich macht mich mein Mond? Sie spielen gern Mutter und verwöhnen andere.
Wie gefühlvoll macht mich mein Mond? Sie haben spontane, feurige Gefühle, verlieren sie aber auch schnell wieder.
Wie intuitiv macht mich mein Mond? Licht und Wärme nährt Ihre Intuition und führt zu großer Kreativität und Schöpferkraft.

Mond in der Jungfrau – FRÖHLICH

Mondstärken Gern organisieren, ordnen, ausführen. Fähigkeit zu gewissenhafter Prüfung. Hochentwickelter Sozialgedanke. Gespür für alle Bereiche, die mit Gesundheit zu tun haben. Zugang zu geheimem Wissen. Feines Gespür. Pflichtgefühl. Konzentrationsfähigkeit. Bewußtsein für Ernährung
Mondschwächen Ungelebte Emotionen manifestieren sich als psychosomatische Störungen

Sie sind äußerst anpassungsfähig. Sie stellen sich nur ungern gegen den Wind, »floaten« lieber und richten sich wie ein leichter Segler nach sanften Brisen. Sie drängeln auch nicht nach vorn. Bescheidenheit gehört zu Ihrem Naturell, und gegen jede Art von Hochstapelei sind Sie richtiggehend allergisch.

Ihre Liebesfähigkeit: Sie haben ein ausgesprochen fröhliches Naturell und trachten danach, Ihr eigenes Leben und das Ihres Partners so angenehm wie möglich zu gestalten. Aus allem das Beste zu machen, darin sind Sie sogar ein unübertroffener Meister. Ihre eigene Stimmung ist oft abhängig von der Ihres Partners. Fühlt er sich glücklich, sind Sie es auch. Was Ihre Treue anbelangt, sind Sie das Spiegelbild Ihres Partners: Was er sich leistet, leisten Sie sich auch. Selten brechen Sie als erste(r) aus. Geschieht es dennoch, ist das garantiert ein Zeichen dafür, daß der Energiefluß zwischen Ihnen und Ihrem Partner nicht mehr stimmt.

Mond-Check

Wie weiblich macht mich mein Mond? Eher mädchenhaft als weiblich (und burschikos beim Mann). Jungfrau ist ein weibliches Zeichen, und entsprechend weiblich sind Sie auch selbst.

Wie mütterlich macht mich mein Mond? Sie können die Aufgaben einer Mutter erfüllen, fühlen sich aber eher zu etwas anderem berufen.

Wie gefühlvoll macht mich mein Mond? Gefühlen gegenüber sind Sie eher mißtrauisch.

Wie intuitiv macht mich mein Mond? Die Natur ist Ihre große Lehrmeisterin. Sie können durch Wissen und Ihre heilenden Gaben ein Segen für andere Menschen werden.

Eine besondere Mondphase beim Mond in der Jungfrau: Neumond

Sie sind in der Neumondphase (zwei Tage vor bis zwei Tage nach Neumond) geboren. Sie sind damit ein besonderer Mensch. Denn in Ihnen ist eine große Sehnsucht nach inniger Nähe zu geliebten Menschen, die Sie in einer erfüllten Partnerschaft zu verwirklichen versuchen.

Füllest wieder Busch und Tal
Still mit Nebelglanz,
Lösest endlich auch einmal
Meine Seele ganz.

Johann Wolfgang von Goethe

Mondstärken Andere spüren können. Gern unter Leuten sein. Kontaktfreude. Sinn für Ästhetik, Kunst, Schönheit. Verbindend und ausgleichend sein. Gerechtigkeitsliebe
Mondschwächen Sich schlecht entscheiden können. Allein unsicher sein. Antriebsarmut. Überempfindlichkeit

In Ihrer gefühlsmäßigen Stimmung richten Sie sich stark nach der Zuneigung und Sympathie Ihrer Mitmenschen. Ihr großes Bedürfnis nach Harmonie und Ihr Widerwille gegen Streit und Konfrontation kann Sie allerdings dazu verleiten, bestehende Differenzen der äußeren Form zuliebe nicht wahrhaben zu wollen. Das Aushalten und Akzeptieren von derartigen Ecken und Kanten im Leben bringt Sie einer ganzheitlichen Lebenserfahrung näher. Menschen, die selber nicht so ausgeprägt beziehungsorientiert sind, fühlen sich von Ihnen oft angezogen. Nach außen hin wirken Sie stark. Kennt man Sie aber näher, entdeckt man eine sensible Seele, Kinderträume und eine starke Suche nach Harmonie. Sie sind für die hübsche Seite des Lebens geboren. Mit der täglichen Routine hingegen haben Sie Ihre liebe Not.

Ihre Liebesfähigkeit: Sie sind der hingebungsvollste, einfühlsamste, zarteste, bezauberndste Mensch. Trotzdem zweifeln Sie immer zuerst an sich selbst, wenn Disharmonie aufkommt, und geben sich die Schuld an einer gescheiterten Beziehung. Hier sollten Sie lernen, sich stärker abzugrenzen und ruhig etwas egoistischer zu denken.

Mond-Check
Wie weiblich macht mich mein Mond? Er macht Sie zärtlich, einfühlsam und weiblich, jedoch nicht zu weiblich.
Wie mütterlich macht mich mein Mond? Sie können sich Kindern gegenüber schlecht durchsetzen.
Wie gefühlvoll macht mich mein Mond? Sie mögen Stimmungen, haben aber Probleme mit starken Emotionen.
Wie intuitiv macht mich mein Mond? Sie sind sehr sensibel und ungeheuer phantasievoll.

Frau Mond schenkt Geborgenheit, Fruchtbarkeit und Intuition

Mond im Skorpion – LEIDENSCHAFTLICH

Mondstärken Hinterfragen und aufdecken.
Im Krisenfall stark werden. Verantwortung übernehmen.
Okkulte, hellseherische, magische Fähigkeiten.
Mit suggestiver Ausstrahlung andere beeindrucken
Mondschwächen Ungelöste Familienproblematiken.
Von der Mutter nicht loskommen. Subtile Herrschsucht

Im Umgang mit Ihren Mitmenschen legen Sie oft eine gewisse Heftigkeit und Unberechenbarkeit an den Tag. Es ist daher für viele nicht leicht, die Motive Ihrer Handlungen nachzuvollziehen. So schwanken manche zwischen Bewunderung und Ablehnung. Man spürt, daß man sich auf große Intensität und Gefühlstiefe einläßt, wenn man eine Beziehung mit Ihnen eingeht. So ist Ihr Lebensstil weniger von äußerlicher Bequemlichkeit geprägt als von Entschlossenheit und Konsequenz.

Ihre Liebesfähigkeit: Ihr Seelenleben quillt über an Emotionen. Höchste Ekstase, teuflische Eifersucht, schmachtendes Sehnen, unüberbietbarer Sex, kosmische Vereinigung – es ist nahezu alles dabei. Darüber hinaus reagieren Sie allergisch auf jede Spur von Routine. Ein Leben mit Ihnen bleibt immer aufregend, und zugleich hat man einen Menschen an seiner Seite, der erst in Krisen richtig stark wird. Eines sollten Ihre Weggefährten noch beherzigen: Sie verzeihen alles, aber vergessen nichts. Wer daher grob Absprachen bricht, erhält, was ein Skorpion nur im äußersten Notfall produziert: martialisches Gift.

Mond-Check

Wie weiblich macht mich mein Mond? Sie besitzen große weibliche Kräfte.
Wie mütterlich macht mich mein Mond? Sie sind eine gute Mutter – auch als Mann.
Wie gefühlvoll macht mich mein Mond? Extrem gefühlvoll und leidenschaftlich.
Wie intuitiv macht mich mein Mond? Sie sind offen für magische Schwingungen und haben manchmal Visionen.

Mond im Schützen – UNABHÄNGIG

Mondstärken Optimistisch, motivierend, begeisterungsfähig, vielseitig. Schauspielerische Begabung. Rhythmus- und Musikgefühl. Im Ausland leben können. Schriftstellerische Talente. Sportliche Fähigkeiten und Interessen

Mondschwächen Überzogene Führungsansprüche. Blauäugigkeit. Naivität

Aus einer meistens optimistischen und lebensbejahenden Grundstimmung heraus lassen Sie sich leicht begeistern und mitreißen. Sie haben hohe Ansprüche und Ideale an sich selbst, aber auch an diejenigen Menschen, die Sie umgeben. Dabei kann es Ihnen passieren, daß Sie leicht einmal ins Schwärmen kommen, den Kontakt mit der konkreten Wirklichkeit verlieren und in Schwierigkeiten geraten. Ihr grundsätzlicher Optimismus bewahrt Sie aber davor, in Problemen zu versinken. Zwischen Hoffnung und Erfüllung lebend, entwachsen Sie nie ganz dem kindlichen Land Phantasia und suchen in der Welt die Erfüllung Ihrer Träume. Am stärksten werden Sie, wenn es darum geht, andere zu überzeugen und mitzureißen.

Ihre Liebesfähigkeit: Zuallererst brauchen Sie einen Partner, der Ihre Unabhängigkeit bewundert und Sie nicht einengt. Zweitens darf Ihr Partner nicht narzißtisch sein, denn Sie sind schonungslos offen; er muß die Wahrheit schon ertragen können. Drittens braucht Ihr Partner geistige Größe (Sie haben Sie schließlich auch), denn für Sie ist Liebe viel mehr als eine Bettgeschichte, nämlich ein Zusammentreffen von Körper, Geist und Seele.

Mond-Check

Wie weiblich macht mich mein Mond? Auch als Frau stehen Sie leicht Ihren Mann.

Wie mütterlich macht mich mein Mond? Sie haben etwas gegen zuviel Mütterlichkeit.

Wie gefühlvoll macht mich mein Mond? Sie sind feurig, ekstatisch – aber nicht gerade gefühlvoll.

Wie intuitiv macht mich mein Mond? Sie verfügen über eine große Intuition und Seelenstärke.

Mond im Steinbock – SELBSTÄNDIG

Mondstärken Klares Gefühlsleben. Selbstbeherrschung und Pflichtbewußtsein. Streben nach Objektivität und Klarheit. Ernsthaftigkeit. Liebe zu Beruf und Karriere. Suche nach sozialer oder politischer Verantwortung

Mondschwächen Sich selbst zu negativ sehen. Abhängigkeit von beruflichem Erfolg. Gefühlskontrolle

Der erste Eindruck von Ihnen ist oft der eines kühlen Menschen. Aber unter dem Hauch von Frostigkeit wartet ein warmes, anschmiegsames Geschöpf. Ihre weiche Seele zeigen Sie jedoch nur denjenigen, die Ihren hohen Ansprüchen genügen. Ihr Leben nehmen Sie selbst in die Hand. Sie brauchen einen Beruf und keinen Job und sollten daher eine qualifizierte Ausbildung anstreben. Diese wird sich auszahlen, denn mit dem Mond im Steinbock haben Sie die richtigen Voraussetzungen für Erfolg und Karriere.

Ihre Liebesfähigkeit: Die Behauptung, Sie seien abweisend und kalt, stammt garantiert von Personen, die bei Ihnen nicht landen konnten. Sie jedenfalls suchen auch beim Thema Liebe das Besondere, möchten auch hier Gipfel erleben. Aber Sie haben Ihre Gefühle im Griff, stehen über ihnen und mögen es nicht, wenn Menschen sich von den Launen ihrer Gefühle abhängig machen. Große Taten vollbringen Sie selbst, an Ihrem Traumpartner reizt Sie das andere; Sie erwarten Seelentiefe und – ganz im Gegenteil zu sich selbst – ein fast kindliches Gemüt. Auch das Rätselhafte übt einen magnetischen Einfluß auf Sie aus.

Mond-Check

Wie weiblich macht mich mein Mond? Sie sind sehr weiblich, auch ohne es nach außen hin deutlich zu zeigen.
Wie mütterlich macht mich mein Mond? Auch Ihre Mütterlichkeit ist ausgeprägt. Aber Sie wollen ebenso Karriere machen.
Wie gefühlvoll macht mich mein Mond? Sie verdrängen unliebsame Gefühle, was diese nur noch stärker macht.
Wie intuitiv macht mich mein Mond? Sie haben Zugang zu Wahrträumen.

Mond im Wassermann – FREI

Mondstärken Sozial, human, aufgeschlossen. Ungebunden. Veränderungsliebe. Reisefreude. Erfindungsgabe. Intuitionskraft. Vorurteilslosigkeit. Reformwillen
Mondschwächen Zwanghaft antiautoritäres Denken und Handeln. Verwirrtheit

Wenn Sie wollen, beherrschen Sie die feinsten gesellschaftlichen Umgangsformen, aber Sie können auch gegen jede Regel verstoßen. Jedenfalls sind Sie stets für eine Überraschung gut und lassen sich nicht in Normen pressen. Sie wollen, ja, müssen anders sein als alle anderen. Eine kreative Tätigkeit entspricht Ihrer Veranlagung. Dagegen werden Sie mit dem Frust, den das Leben bringt, schlecht fertig. Allem Neuen gegenüber zeigen Sie sich enthusiastisch. Aber Ihr Interesse erlischt auch schnell wieder. Sie müssen daher lernen, am Ball zu bleiben.

Ihre Liebesfähigkeit: Ihr Liebesleben ist widersprüchlich. Auf der einen Seite spielen Sie mit dem Feuer, haben das Flirten für Ihr Leben gern und sind bereit, sich auch in eine aussichtslose Beziehung einzulassen, wenn diese nur genügend Aufregung verspricht. Auf der anderen Seite können Sie völlig ohne Sexualität auskommen. Das liegt daran, daß Sie mit dem Mond im Wassermann hohe und ausgesprochen idealistische Ansprüche an die Liebe stellen. Tief in Ihrer Seele empfinden Sie sich als Engel und streben nach einer geistigen, beinah überirdischen Liebe, bei der das Körperliche nur noch eine Nebenrolle spielt.

Mond-Check
Wie weiblich macht mich mein Mond? Der Wassermannmond hebt Sie beinahe über die Unterscheidung männlich-weiblich: Beide Seiten sind Ihnen sehr vertraut.
Wie mütterlich macht mich mein Mond? Sie sind der beste Gefährte und Freund aller Kinder, aber absolut kein Muttertyp.
Wie gefühlvoll macht mich mein Mond? Tiefen Gefühlen gegenüber sind Sie mißtrauisch.
Wie intuitiv macht mich mein Mond? Sie haben häufig Offenbarungsträume, in denen Sie Hinweise für Ihren Lebensweg erhalten.

Mond in den Fischen – MYSTERIÖS

Mondstärken Mediale Fähigkeiten. Heilerische Qualitäten. Kraft durch Glauben. Sensibilität beruflich nutzen können (zum Beispiel als Heilpraktiker). Liebe für andere, Liebe zur Schöpfung. Sich auf instinkthaftes Gespür verlassen können

Mondschwächen Wirre Phantasievorstellungen. Unsicherheit. Bindungslosigkeit

Sie sind vielschichtig und widersprüchlich: Sie können in einer Woge des Mitgefühls für die gesamte Schöpfung schwimmen, aber manchmal stehen Sie abgehoben und einsam über dem Rest der Welt. Sie verfügen über feinste Antennen, erahnen sogar die Gedanken anderer, und dann wieder stapfen Sie bereitwillig in jedes nur erdenkliche Fettnäpfchen. Ihre Intuition ist ungeheuer. Manche unter Ihnen ahnen in ihren Träumen zukünftige Ereignisse voraus. Auch als Heiler und Helfer vollbringen Sie beinahe Wunder. Wie mit einem sechsten Sinn behaftet, spüren Sie, was einem anderen fehlt. Sie müssen sich aber auch schützen, denn Sorgen und Probleme springen nur allzu leicht von anderen auf Sie selbst über.

Ihre Liebesfähigkeit: Es ist leicht, sich in Sie zu verlieben, denn Sie locken und verführen mit einem sphinxartig-unergründlichen Wesen. Jeder fühlt sich verstanden und erlöst von seiner Einsamkeit. Die Partnerschaft mit Ihnen ist jedoch eine ganz andere Sache. Wer sie eingeht, beherrscht früher oder später die Quadratur des Kreises. Sie sind nicht nur ein schillerndes und anmutiges, sondern auch ein äußerst widersprüchliches Geschöpf. Hält Ihr Partner dies aus, werden Sie ihm aber viel Glück, Freude und Segen bringen.

Mond-Check

Wie weiblich macht mich mein Mond? Sie sind äußerst weiblich, können diese Seite aber auch vollkommen verstecken und verdrängen.
Wie mütterlich macht mich mein Mond? Sie fühlen sich als Mutter der gesamten Schöpfung.
Wie gefühlvoll macht mich mein Mond? Sie sind ungeheuer gefühlvoll.
Wie intuitiv macht mich mein Mond? Unter allen Mondstellungen sind Sie am intuitivsten.

Eine besondere Mondphase beim Mond in den Fischen: Vollmond

Sie sind in der Vollmondphase (zwei Tage vor bis zwei Tage nach dem Vollmond) geboren und damit ein besonderer Mensch. Denn Sie tragen in sich die lebendige Spannung zwischen Mann und Frau am deutlichsten. Das führt zu einem reichen und faszinierenden Beziehungsleben. Es kann aber auch große Konflikte für Partnerschaft und Liebe bringen.

Schau, der goldene Mond dort:
Er ißt Pomeranzen,
Schalen, die er fortwirft,
auf dem Wasser tanzen.

Spanischer Kinderreim

Das Merkurhoroskop –
SCHLAU, KOMMUNIKATIV UND GÖTTLICH BERATEN SEIN

Der römische Gott Merkur entspricht ganz dem Hermes der griechischen Mythologie. Er war ein äußerst schillernder Gott, ausgestattet mit zahlreichen Eigenschaften und Funktionen. Respekt und Bewunderung erwarb er sich durch Klugheit und Raffinesse. So stahl er – gerade erst als Sohn des Jupiter und der Nymphe Maia geboren – dem Gott Apoll eine Rinderherde. Von diesem zur Rede gestellt, spielte er auf einem mit Fell und Saiten versehenen Schildkrötenpanzer derart gekonnt auf, daß Apolls Zorn verflog und er ihm die Rinder im Tausch gegen das Musikinstrument überließ. »Ganz nebenbei« hatte Merkur auf diese Weise die Lyra »erfunden«, jenes zauberhafte Instrument, mit dem später Orpheus Menschen wie Götter verzauberte.
Gott Merkur war also klug und listig – und genau diese Fähigkeit verleiht er auch uns Menschen. Er macht beredt, erfinderisch und verhilft einem auch mal zu einer guten Ausrede. Seiner listigen Eigenschaften wegen wurde er zum Gott der Kaufleute, Diebe und Bänkelsänger. Seine Fröhlichkeit machte ihn zum Schutzpatron all derjenigen, die auf heiteren Wegen wandeln. Und sein Diebstahl der Kühe ließ ihn selbstredend zum Gedeihen der Viehherden beitragen. Infolge seiner Lust am Reden und seines Talents, sich allemal in ein günstiges Licht zu setzen, wurde er der göttliche Freund all derer, die viel sprechen, schreiben und auf der Bühne stehen: Dichter, Sänger, Schauspieler, Politiker, Talkmaster, Ansager, Komiker, Artisten oder Musiker. Wie wir denken, reden, kommunizieren, uns darstellen und uns verkaufen, das alles verrät die Position Merkurs in unserem Horoskop. Er verkörpert unsere unbeschwerte Seite und den leichtesten Weg, den man gehen kann.
Aber Merkur hat noch mehr auf Lager: Bei den Griechen galt er als Diener Jupiters und als Götterbote, der zwischen dem Olymp, dem Wohnort der Unsterblichen, und den Menschen drunten auf der Erde vermittelte. Und er begleitete auch die Seelen der Verstorbenen in die Unterwelt. Er besaß geflügelte Sandalen und einen geflügelten Hut, damit er rasch hin und her eilen konnte. Ein weiteres Attribut war sein Heroldsstab, der Kerykeion, ein Zauberstab.

Hermes überbrachte also den Willen seines Vaters Zeus. So führte er zum Beispiel in dessen Auftrag Hera, Athene und Aphrodite zum Idagebirge, wo Paris den goldenen Apfel der – seiner Wahl nach – schönsten der Frauen überreichen sollte. Seine Entscheidung für Aphrodite, die ihm dafür Helena versprochen hatte, löste später bekanntlich den Trojanischen Krieg aus.
Tatsächlich fungiert Merkur auch in der Astrologie als eine Art »Empfangs- und Sendestation«. Wo er sich in unserem Horoskop befindet, sind uns die Götter besonders nah und übermitteln uns ihre Botschaften und Nachrichten. Umgekehrt können wir dort die Götter am ehesten erreichen.
Merkur ist der sonnennächste Planet. Er zieht seine Kreise um unser Zentralgestirn so eng, daß er sich nie mehr als ein Zeichen von der Sonne entfernen kann. Das führt auch dazu, daß Merkur in vielen Horoskopen die gleiche Tierkreiszeichenposition einnimmt wie die Sonne.

DIE ERMITTLUNG DES MERKURZEICHENS

Suchen Sie in der folgenden Merkurtabelle Ihren Geburtstag, und entnehmen Sie Ihre Merkurposition, die Sie auf den entsprechenden Text im anschließenden Kapitel über Ihr Merkurzeichen verweist. (Siehe auch die Vorbemerkung am Beginn von Teil II dieses Buches.)

Die Merkurtabelle

1920* 23.8.–31.8. Löwe, 1.9.–15.9. Jungfrau, 16.9.–24.9. Waage, **1921** 23.8.–8.9. Jungfrau, 9.9.–24.9. Waage, **1922** 23.8.–1.9. Jungfrau, 2.9.–24.9. Waage, **1923** 23.8.–27.8. Jungfrau, 28.8.–24.9. Waage, **1924** Jungfrau, **1925** 23.8.–27.8. Jungfrau, 28.8.–10.9. Löwe, 11.9.–24.9. Jungfrau, **1926** 23.8.–5.9. Löwe, 6.9.–21.9. Jungfrau, 22.9.–24.9. Waage, **1927** 23.8.–28.8. Löwe, 29.8.–13.9. Jungfrau, 14.9.–24.9. Waage, **1928** 23.8.–4.9. Jungfrau, 5.9.–24.9. Waage, **1929** 23.8.–29.8.

* Siehe auch die Anmerkung zur Mondtabelle.

Jungfrau, 30.8.–24.9. Waage, **1930** 23.8.–26.8. Jungfrau, 27.8.–20.9. Waage, 21.9.–24.9. Jungfrau, **1931** Jungfrau, **1932** 23.8.–8.9. Löwe, 9.9.–24.9. Jungfrau, **1933** 23.8.–1.9. Löwe, 2.9.–17.9. Jungfrau, 18.9.–24.9. Waage, **1934** 23.8.–24.8. Löwe, 25.8.–9.9. Jungfrau, 10.9.–24.9. Waage, **1935** 23.8.–2.9. Jungfrau, 3.9.–24.9. Waage, **1936** 23.8.–27.8. Jungfrau, 28.8.–24.9. Waage, **1937** Jungfrau, **1938** 23.8.–3.9. Jungfrau, 4.9.–10.9. Löwe, 11.9.–24.9. Jungfrau, **1939** 23.8.–6.9. Löwe, 7.9.–22.9. Jungfrau, 23.9.–24.9. Waage, **1940** 23.8.–28.8. Löwe, 29.8.–13.9. Jungfrau, 14.9.–24.9. Waage, **1941** 23.8.–6.9. Jungfrau, 7.9.–24.9. Waage, **1942** 23.8.–30.8. Jungfrau, 31.8.–24.9. Waage, **1943** 23.8.–26.8. Jungfrau, 27.8.–24.9. Waage, **1944** Jungfrau, **1945** 23.8.–9.9. Löwe, 10.9.–24.9. Jungfrau, **1946** 23.8.–3.9. Löwe, 4.9.–19.9. Jungfrau, 20.9.–24.9. Waage, **1947** 23.8.–26.8. Löwe, 27.8.–11.9. Jungfrau, 12.9.–24.9. Waage, **1948** 23.8.–3.9. Jungfrau, 4.9.–24.9. Waage, **1949** 23.8.–28.8. Jungfrau, 29.8.–24.9. Waage, **1950** 23.8.–27.8. Jungfrau, 28.8.–10.9. Waage, 11.9.–24.9. Jungfrau, **1951** Jungfrau, **1952** 23.8.–6.9. Löwe, 7.9.–23.9. Jungfrau, 24.9. Waage, **1953** 23.8.–30.8. Löwe, 31.8.–15.9. Jungfrau, 16.9.–24.9. Waage, **1954** 23.8.–7.9. Jungfrau, 8.9.–24.9. Waage, **1955** 23.8.–31.8. Jungfrau, 1.9.–24.9. Waage, **1956** 23.8.–25.8. Jungfrau, 26.8.–24.9. Waage, **1957** Jungfrau, **1958** 23.8. Jungfrau, 24.8.–10.9. Löwe, 11.9.–24.9. Jungfrau, **1959** 23.8.–4.9. Löwe, 5.9.–20.9. Jungfrau, 21.9.–24.9. Waage, **1960** 23.8.–26.8. Löwe, 27.8.–11.9. Jungfrau, 12.9.–24.9. Waage, **1961** 23.8.–4.9. Jungfrau, 5.9.–24.9. Waage, **1962** 23.8.–28.8. Jungfrau, 29.8.–24.9. Waage, **1963** 23.8.–26.8. Jungfrau, 27.8.–16.9. Waage, 17.9.–24.9. Jungfrau, **1964** Jungfrau, **1965** 23.8.–7.9. Löwe, 8.9.–24.9. Jungfrau, **1966** 23.8.–31.8. Löwe, 1.9.–16.9. Jungfrau, 17.9.–24.9. Waage, **1967** 23.8. Löwe, 24.8.–9.9. Jungfrau, 10.9.–24.9. Waage, **1968** 23.8.–31.8. Jungfrau, 1.9.–24.9. Waage, **1969** 23.8.–26.8. Jungfrau, 27.8.–24.9. Waage, **1970** Jungfrau, **1971** 23.8.–29.8. Jungfrau, 30.8.–10.9. Löwe, 11.9.–24.9. Jungfrau, **1972** 23.8.–4.9. Löwe, 5.9.–20.9. Jungfrau, 21.9.–24.9. Waage, **1973** 23.8.–27.8. Löwe, 28.8.–13.9. Jungfrau, 14.9.–24.9. Waage, **1974** 23.8.–5.9. Jungfrau, 6.9.–24.9. Waage, **1975** 23.8.–30.8. Jungfrau, 31.8.–24.9. Waage, **1976** 23.8.–25.8. Jungfrau,

26.8.–21.9. Waage, 22.9.–24.9. Jungfrau, **1977** Jungfrau, **1978** 23.8.–9.9. Löwe, 10.9.–24.9. Jungfrau, **1979** 23.8.–2.9. Löwe, 3.9.–18.9. Jungfrau, 19.9.–24.9. Waage, **1980** 23.8.–24.8. Löwe, 25.8.–9.9. Jungfrau, 10.9.–24.9. Waage, **1981** 23.8.–2.9. Jungfrau, 3.9.–24.9. Waage, **1982** 23.8.–27.8. Jungfrau, 28.8.–24.9. Waage, **1983** 23.8.–29.8. Jungfrau, 30.8.–6.9. Waage, 7.9.–24.9. Jungfrau, **1984** Jungfrau, **1985** 23.8.–6.9. Löwe, 7.9.–22.9. Jungfrau, 23.9.–24.9. Waage, **1986** 23.8.–29.8. Löwe, 30.8.–14.9. Jungfrau, 15.9.–24.9. Waage, **1987** 23.8.–6.9. Jungfrau, 7.9.–24.9. Waage, **1988** 23.8.–30.8. Jungfrau, 31.8.–24.9. Waage, **1989** 23.8.–25.8. Jungfrau, 26.8.–24.9. Waage, **1990** Jungfrau, **1991** 23.8.–10.9. Löwe, 11.9.–24.9. Jungfrau, **1992** 23.8.–2.9. Löwe, 3.9.–18.9. Jungfrau, 19.9.–24.9. Waage, **1993** 23.8.–25.8. Löwe, 26.8.–10.9. Jungfrau, 11.9.–24.9. Waage, **1994** 23.8.–3.9. Jungfrau, 4.9.–24.9. Waage, **1995** 23.8.–28.8. Jungfrau, 29.8.–24.9. Waage, **1996** 23.8.–25.8. Jungfrau, 26.8.–11.9. Waage, 12.9.–24.9. Jungfrau, **1997** Jungfrau, **1998** 23.8.–7.9. Löwe, 8.9.–23.9. Jungfrau, 24.9. Waage, **1999** 23.8.–30.8. Löwe, 31.8.–15.9. Jungfrau, 16.9.–24.9. Waage, **2000** 23.8.–6.9. Jungfrau, 7.9.–24.9. Waage, **2001** 23.8.–30.8. Jungfrau, 31.8.–24.9. Waage, **2002** 23.8.–25.8. Jungfrau, 26.8.–24.9. Waage, **2003** Jungfrau

Merkur im Löwen – KREATIVES DENKEN

Merkurstärken Inspirationen, Ideen und kreative Einfälle haben
Merkurschwächen Unsensibel und überheblich sein

Ihr Denken ist nicht logisch und auch nicht unbedingt von Erfahrungen getragen. Merkur im Löwen verhilft Ihnen zu Ideen und Inspirationen, die Ihnen aus der Luft, dem Nichts zuzufallen scheinen. Wenn Sie beginnen, Ihre Argumente zu begründen, geraten Sie in Schwierigkeiten. Und eigentlich gibt es bei Eingebungen auch nichts zu begründen. Es ist eine eigene, in sich stimmige Art, die Welt zu erfahren und zu verarbeiten. Aber es ist nicht die einzige: Andere Merkurpositionen bewirken eine andere Art zu denken. Erst die verschiedenen Möglichkeiten zusammengenommen sind wahrhaftig oder universell, jede für sich aber spiegelt immer nur einen Teilaspekt wider.
Merkur im Löwen verhilft Ihnen auch zu einem selbstbewußten Auftreten. Sie sind dermaßen von sich überzeugt, daß es Ihnen gar nicht in den Sinn kommt, anderen eine gleichwertige Position einzuräumen. Wenn es darum geht, sich durchzusetzen, einen guten Eindruck zu hinterlassen, anderen voraus und überlegen zu sein, ist Ihre Art goldrichtig. Aber wenn man zusammenkommt und sich unterhalten möchte, sind Sie (gewohnheitsmäßig) ebenso forsch. Das führt häufig dazu, daß sich andere schnell »überfahren« fühlen, still werden, sich zurückziehen oder mit Ihnen einen Streit beginnen. In dieser Beziehung müssen Sie noch dazulernen, sich um mehr Toleranz und weniger Ichbezogenheit bemühen.

Merkur-Check
Wie leicht fällt es mir, Kontakt zu schließen? Ich wirke selbstsicher und komme gut bei anderen an.
Was bringt mich »den Göttern« näher? Keine Verpflichtung haben, tun und lassen können, was mir gefällt, lieben und geliebt werden.

Merkur in der Jungfrau – AKKURATES DENKEN

Merkurstärken Sachliches, analytisches und behutsames Denken
Merkurschwächen Wankelmütig und leicht ablenkbar sein

Ihr Denken ist sachlich, genau und praktisch. Sie beziehen sich – ähnlich wie der Stier – in Ihren Überlegungen auf gemachte Erfahrungen oder solche, die von zuverlässigen Leuten stammen. Das verleiht Ihnen Sicherheit und Glaubwürdigkeit. Obendrein führt Merkur in der Jungfrau dazu, fehlerorientiert vorzugehen: Was gut und richtig ist, dem schenken Sie wenig Aufmerksamkeit, dafür verfolgen Sie mit Argusaugen jede Unregelmäßigkeit und finden Fehler meistens zuerst. Für Inspektionen, Korrekturen, wissenschaftliches Arbeiten und überall sonst, wo es gilt, Fehler zu vermeiden, sind Sie unübertrefflich. Aber Ihr Merkur in der Jungfrau hat auch Schattenseiten: Ihre überkritische, unter Umständen sogar pessimistische Art macht Ihnen nicht nur Freunde. Hierbei sollten Sie sich etwas kontrollieren, damit Sie nicht den Stempel »Meckertante« bzw. »-fritze« aufgedrückt bekommen.
Auf andere Menschen zuzugehen fällt Ihnen nicht leicht. Sie sind eher schüchtern. Das rührt natürlich auch daher, daß Sie keine Fehler machen möchten.
Was Ihnen guttut, sind Menschen, die emotionaler und nicht so auf Fehler fixiert sind. Seien Sie mutig und wählen Sie Freunde, die (aus Ihrer Sicht) dazu neigen, Fehler zu machen.

Merkur-Check
Wie leicht fällt es mir, Kontakt zu schließen? Ich bin schüchtern und vorsichtig, um Fehler zu vermeiden.
Was bringt mich »den Göttern« näher? Alle Pflichten erledigt haben, anerkannt werden, gut sein.

Merkur in der Waage – AUSGLEICHENDES DENKEN

Merkurstärken	Verbindendes und verbindliches, logisches und abstraktes Denken, einfühlsam sein
Merkurschwächen	Unentschieden und wankelmütig sein

Merkur in der Waage verhilft Ihnen zu einem sehr du-orientierten Denken. Sie versetzen sich bei jeder Unterhaltung in Ihr Gegenüber und versuchen, die Welt auch aus seiner Sicht zu betrachten. Das ist eine Stärke für jedes persönliche Gespräch; in der Begegnung mit Ihnen entsteht nie das Gefühl, zu kurz zu kommen, nicht verstanden zu werden.

Zum Nachteil gerät es, daß es Ihnen schwerfällt, eine eigene Meinung zu vertreten. Sie versuchen daher, Ihr Denken auf ein logisches Fundament zu stellen: Sie wägen ab, vergleichen, hören die Argumente anderer, ziehen Schlüsse usw. Diese ständige »Kopfarbeit« ist anstrengend. Zuweilen müssen Sie daher »abschalten«, den Kopf leer machen. Das gelingt Ihnen (mit viel Geduld und Zeit) am ehesten durch Meditation oder Yoga.

Die größten Probleme haben Sie mit Menschen, die sich auf gemachte Erfahrungen berufen. Jemand, der argumentiert: »Das ist doch schon immer so gewesen ...!«, treibt Sie an die Decke. Auch wenn sich Denken und Fühlen vermischen, regt sich Ihr Widerstand. Aber genau diese Weisen zu argumentieren müssen Sie wohlwollend annehmen, wenn Sie nicht einseitig werden wollen. Mit einem anderen Menschen – egal, mit wem – ein Gespräch zu führen fällt Ihnen leicht. Ihre große Gabe ist es, (fast) jeden zu verstehen, den Sie näher kennen.

Merkur-Check

Wie leicht fällt es mir, Kontakt zu schließen? Ich weiß genau, wann der richtige Moment ist, auf jemanden zuzugehen.

Was bringt mich »den Göttern« näher? Mich mit jemandem verstehen, mit jemanden im Einklang sein, lieben und geliebt werden.

Das Venushoroskop – IHRE LIEBESFÄHIGKEIT

Venuszeichen

Kurz nach Sonnenuntergang – der Westen badet sich noch in goldenem Rot, im Osten kündet ein stahlblauer Himmel die heraufziehende Nacht an – kann man sie sehen, die Venus. Sie ist so hell, daß man sie manchmal mit den Lichtern eines Flugzeugs verwechselt. Und in Gegenden, die nicht künstlich erleuchtet sind, überkommt den Betrachter bei ihrem Anblick fast das Gefühl einer außerirdischen Begegnung. Der Tag geht zur Ruhe, Venus läutet den Feierabend ein, jene Zeit, die weder der Arbeit noch dem Schlaf gehört, vielmehr der Muße – und der Liebe.

Aber Venus verzaubert nicht nur den Abend, sondern auch den Morgen. Denn die Hälfte des Jahres läuft sie, wie wir es von der Erde aus sehen, der Sonne nach, sie steht dann als Venus des Abends nach Sonnenuntergang noch einige Zeit am Abendhimmel. Die andere Hälfte jedoch läuft sie der Sonne voraus und steigt als Venus des Morgens vor der Sonne über den östlichen Horizont als strahlende Botin des neuen Tages.

Venus oder die griechische Entsprechung Aphrodite trug den Namen »Schaumgeborene«: Dem Mythos nach hat Kronos (Saturnus), der Vater des Zeus, das Zeugungsglied seines Vaters Uranos ins Meer geworfen. Aus dem Schaum, der sich dabei bildete, ist die Göttin der Schönheit entstanden (griechisch *aphrós* = »Schaum«).

Sie galt als die fruchtbare Göttin des blühenden Frühlings und der überströmenden Frühlingslust. Sie war die Beschützerin der Gärten, Blumen und Lusthaine. Ihre Lieblingsgewächse waren Myrten, Rosen und Lilien, ihre Frucht der Apfel, ihre bevorzugten Tiere waren Widder, Böcke, Hasen, Tauben und die bunten Schmetterlinge. Vor allem aber war Venus/Aphrodite eine Frau, deren unvergleichliche Schönheit die Männer betörte. Man fand schier kein Ende, all ihre Reize aufzuzählen: göttlicher Wuchs, strahlende Augen, verlockender Blick, rosenknospiger Mund, zierliche Ohren, reizender Busen und, und, und ...

Im Vergleich dazu sah ihr häßlicher, hinkender Ehemann Hephaistos, der Gott des Erdfeuers und Schutzgott der Schmiedekunst, ziemlich alt aus, wie man heute sagen würde. Sie nutzte denn auch jede Gelegenheit zu einem Seitensprung. Der bekannteste (und folgenreichste) war wohl jener mit Mars, dem Amor, der spitzbübische Junge mit den heimtückischen Liebespfeilen, sein Leben verdankte.

Die schöne Venus bekam ein würdiges Denkmal am Himmel; der hellste Stern wurde nach ihr benannt. Je nach Position kündet er als Abendstern den Feierabend, vor Sonnenaufgang die nahende Morgenröte an.

»Venus« ist in der Symbolsprache ein anderes Wort für »Liebe, Lust, Zärtlichkeit, Leidenschaft, Zweisamkeit, Anziehung, Nähe, Knistern, Flirten, Sehnsucht, Verschmelzung, Sinnlichkeit« und dergleichen mehr. Aber jede Venusposition in den Tierkreiszeichen gibt all diesen Facetten der Liebe eine andere Färbung, ein bestimmtes Gewicht, einen individuellen Glanz. Da müssen Sie Ihre persönliche Venus einfach näher kennenlernen!

DIE ERMITTLUNG DES VENUSZEICHENS

In der Venustabelle finden Sie ganz einfach Ihre Venusposition, indem Sie Ihren Geburtstag suchen. Dahinter ist das Tierkreiszeichen vermerkt, in dem Ihre Venus steht. Dann brauchen Sie nur noch den entsprechenden Abschnitt im anschließenden Text nachzulesen. (Siehe auch die Vorbemerkung am Beginn von Teil II dieses Buches.)

Die Venustabelle

1920* 23.8.–4.9. Jungfrau, 5.9.–24.9. Waage, **1921** 23.8.–31.8. Krebs, 1.9.–24.9. Löwe, **1922** 23.8.–6.9. Waage, 7.9.–24.9. Skorpion, **1923** 23.8.–27.8. Löwe, 28.8.–20.9. Jungfrau, 21.9.–24.9. Waage, **1924** 23.8.–8.9. Krebs, 9.9.–24.9. Löwe, **1925** 23.8.–15.9. Waage, 16.9.–24.9. Skorpion, **1926** 23.8.–11.9. Löwe, 12.9.–24.9. Jungfrau, **1927** Jungfrau, **1928** 23.8.–4.9. Jungfrau, 5.9.–24.9. Waage, **1929** 23.8.–31.8. Krebs, 1.9.–24.9. Löwe, **1930** 23.8.–6.9. Waage, 7.9.–24.9. Skorpion, **1931** 23.8.–26.8. Löwe, 27.8.–20.9. Jungfrau, 21.9.–24.9. Waage, **1932** 23.8.–8.9. Krebs, 9.9.–24.9. Löwe, **1933** 23.8.–15.9. Waage, 16.9.–24.9. Skorpion, **1934** 23.8.–10.9. Löwe, 11.9.–24.9. Jungfrau, **1935** Jungfrau, **1936** 23.8.–4.9. Jungfrau, 5.9.–24.9. Waage, **1937** 23.8.–30.8. Krebs, 31.8.–24.9. Löwe, **1938** 23.8.–7.9. Waage, 8.9.–24.9. Skorpion, **1939** 23.8.–26.8. Löwe, 27.8.–19.9. Jungfrau, 20.9.–24.9. Waage, **1940** 23.8.–8.9. Krebs, 9.9.–24.9. Löwe, **1941** 23.8.–14.9. Waage, 15.9.–24.9. Skorpion, **1942** 23.8.–10.9. Löwe, 11.9.–24.9. Jungfrau, **1943** Jungfrau, **1944** 23.8.–3.9. Jungfrau, 4.9.–24.9. Waage, **1945** 23.8.–30.8. Krebs, 31.8.–24.9. Löwe, **1946** 23.8.–6.9. Waage, 7.9.–24.9. Skorpion, **1947** 23.8.–25.8. Löwe, 26.8.–19.9. Jungfrau, 20.9.–24.9. Waage, **1948** 23.8.–8.9. Krebs, 9.9.–24.9. Löwe, **1949** 23.8.–14.9. Waage, 15.9.–24.9. Skorpion, **1950** 23.8.–9.9. Löwe, 10.9.–24.9. Jungfrau, **1951** Jungfrau, **1952** 23.8.–2.9. Jungfrau, 3.9.–24.9. Waage, **1953** 23.8.–30.8. Krebs, 31.8.–23.9. Löwe, 24.9. Jungfrau, **1954** 23.8.–6.9. Waage, 7.9.–24.9. Skorpion, **1955** 23.8.–25.8. Löwe, 26.8.–18.9. Jungfrau, 19.9.–24.9. Waage, **1956** 23.8.–7.9. Krebs, 8.9.–24.9. Löwe,

* Siehe auch die Anmerkung zur Mondtabelle.

1957 23.8.–13.9. Waage, 14.9.–24.9. Skorpion, **1958** 23.8.–9.9. Löwe, 10.9.–24.9. Jungfrau, **1959** 23.8.–19.9. Jungfrau, 20.9.–24.9. Löwe, **1960** 23.8.–2.9. Jungfrau, 3.9.–24.9. Waage, **1961** 23.8.–29.8. Krebs, 30.8.–23.9. Löwe, 24.9. Jungfrau, **1962** 23.8.–6.9. Waage, 7.9.–24.9. Skorpion, **1963** 23.8.–24.8. Löwe, 25.8.–17.9. Jungfrau, 18.9.–24.9. Waage, **1964** 23.8.–7.9. Krebs, 8.9.–24.9. Löwe, **1965** 23.8.–13.9. Waage, 14.9.–24.9. Skorpion, **1966** 23.8.–8.9. Löwe, 9.9.–24.9. Jungfrau, **1967** 23.8.–8.9. Jungfrau, 9.9.–24.9. Löwe, **1968** 23.8.–1.9. Jungfrau, 2.9.–24.9. Waage, **1969** 23.8.–28.8. Krebs, 29.8.–22.9. Löwe, 23.9.–24.9. Jungfrau, **1970** 23.8.–6.9. Waage, 7.9.–24.9. Skorpion, **1971** 23.8.–24.8. Löwe, 25.8.–16.9. Jungfrau, 17.9.–24.9. Waage, **1972** 23.8.–7.9. Krebs, 8.9.–24.9. Löwe, **1973** 23.8.–12.9. Waage, 13.9.–24.9. Skorpion, **1974** 23.8.–7.9. Löwe, 8.9.–24.9. Jungfrau, **1975** 23.8.–2.9. Jungfrau, 3.9.–24.9. Löwe, **1976** 23.8.–1.9. Jungfrau, 2.9.–24.9. Waage, **1977** 23.8.–28.8. Krebs, 29.8.–22.9. Löwe, 23.9.–24.9. Jungfrau, **1978** 23.8.–6.9. Waage, 7.9.–24.9. Skorpion, **1979** 23.8. Löwe, 24.8.–16.9. Jungfrau, 17.9.–24.9. Waage, **1980** 23.8.–7.9. Krebs, 8.9.–24.9. Löwe, **1981** 23.8.–12.9. Waage, 13.9.–24.9. Skorpion, **1982** 23.8.–7.9. Löwe, 8.9.–24.9. Jungfrau, **1983** 23.8.–27.8. Jungfrau, 28.8.–24.9. Löwe, **1984** 23.8.–31.8. Jungfrau, 1.9.–24.9. Waage, **1985** 23.8.–27.8. Krebs, 28.8.–21.9. Löwe, 22.9.–24.9. Jungfrau, **1986** 23.8.–6.9. Waage, 7.9.–24.9. Skorpion, **1987** 23.8. Löwe, 24.8.–16.9. Jungfrau, 17.9.–24.9. Waage, **1988** 23.8.–6.9. Krebs, 7.9.–24.9. Löwe, **1989** 23.8.–11.9. Waage, 12.9.–24.9. Skorpion, **1990** 23.8.–6.9. Löwe, 7.9.–24.9. Jungfrau, **1991** Löwe, **1992** 23.8.–31.8. Jungfrau, 1.9.–24.9. Waage, **1993** 23.8.–27.8. Krebs, 28.8.–21.9. Löwe, 22.9.–24.9. Jungfrau, **1994** 23.8.–7.9. Waage, 8.9.–24.9. Skorpion, **1995** 23.8.–15.9. Jungfrau, 16.9.–24.9. Waage, **1996** 23.8.–6.9. Krebs, 7.9.–24.9. Löwe, **1997** 23.8.–11.9. Waage, 12.9.–24.9. Skorpion, **1998** 23.8.–7.9. Löwe, 8.9.–24.9. Jungfrau, **1999** Löwe, **2000** 23.8.–30.8. Jungfrau, 31.8.–24.9. Waage, **2001** 23.8.–26.8. Krebs, 27.8.–20.9. Löwe, 21.9.–24.9. Jungfrau, **2002** 23.8.–7.9. Waage, 8.9.–24.9. Skorpion, **2003** 23.8.–15.9. Jungfrau, 16.9.–24.9. Waage

Venus im Krebs – GEFÜHLVOLLE LIEBE

Venusstärken Zärtlich, hingebungsvoll
Venusschwächen Klammernd

In guten Zeiten sind Sie strahlend schön und unwiderstehlich erotisch. Unbekümmert wie ein Kind und gleichzeitig von ironischer Distanziertheit, können Sie über alles lachen – am meisten jedoch über die Liebe, dieses absurde, herrliche, verrückte, uralte und ewig neue Spiel, in dem die Menschen seit eh und je stets die gleichen Fehler machen … Vielleicht zwei Tage später sind Sie wie umgewandelt: stumm, scheu, abwesend, in sich gekehrt und vollkommen verschlossen. Sich den Kopf darüber zu zerbrechen, wie man Sie wieder zum Lachen bringt, ist zwecklos. In diesem Gemütszustand wollen Sie allein sein – und Sie wollen leiden! Sind Sie eine Person mit vielen Gesichtern? Ein Verwandlungskünstler? Einfach nur launisch? Ja, aber vor allem sind Sie zu hundert Prozent gefühlsbestimmt. Und Gefühle folgen keiner Uhr, sondern sind unberechenbar wie Wetter, Wind oder die Wellen des Meeres. Sich um mehr emotionale Ausgeglichenheit zu bemühen ist daher vergeblich – und wäre auch ein ganz falscher Weg. Stehen Sie zu Ihrer Venus! Sie macht Ihre Liebe aufregend, romantisch und geheimnisvoll. Und Sie macht die Liebe mit Ihnen zum göttlichen Akt. Denn Ihre Liebeskraft ist stärker als alles. Wen Sie lieben, wird wie von magischen Fäden angezogen und kommt irgendwann nicht mehr von Ihnen frei. Ja, Ihre Liebe ist auch klammernd und verschlingend … Aber für einen Platz neben Ihnen sollte man bereit sein, alles andere aufzugeben.

Venus-Check
Kann meine Venus gut allein sein? Nein, sie ist nicht für das Alleinsein geboren.
Sucht meine Venus Sicherheit? Ja, eher zuviel Sicherheit sogar.
Besteht meine Venus auf Treue? Keine Frage, sie gibt alles, und sie will alles.
Ist meine Venus eifersüchtig? Natürlich, denn ihr Schatz ist ihr ein und alles.
Findet meine Venus leicht Partner? Nein, das fällt ihr ziemlich schwer.

Venus im Löwen – LUSTVOLLE LIEBE

Venusstärken Warmherzig, verspielt, stark
Venusschwächen Stolz

Zurückhaltung? Bescheidenheit? Schamgefühl? Kommt in Ihrem Repertoire nicht vor. Zumindest dann nicht, wenn es um eine Person geht, die Sie »haben« wollen (oder die Ihnen schon »gehört«). Dann nämlich wird Ihre Venus lebendig, die im Löwen steht, dem feurigsten Tierkreiszeichen überhaupt.
Kein Wunder, daß alle den Atem anhalten, wenn Sie erscheinen. In Ihnen steckt ein Lustobjekt, das gesehen, bewundert, betastet und – das besonders – verschönert, verziert, gekrönt werden möchte. Liebe geht bei Ihnen durch das Auge und kann nur mit Gold und Diamanten aufgewogen werden. Das soll nicht heißen, daß Sie jemanden nur des Geldes wegen lieben. Niemals lassen Sie sich kaufen, Sie schauen immer zuerst aufs Herz. Aber irgendein Schutzengel bringt Sie just mit solchen Frauen bzw. Männern zusammen, die – selbst wenn sie wie die Kirchenmaus beginnen – rasch zu Geld gelangen. Sieht alles aus, als wären Sie irre anspruchsvoll. Stimmt! Aber Sie sind auch eine Menge wert.
Wo so viel Licht ist, muß es doch auch Schatten geben: In Ihnen steckt (weiblich) eine Diva bzw. (männlich) ein Pascha. Beide wollen verwöhnt, verhätschelt, umworben, auf Händen getragen werden. Das ist anstrengend und führt zu Abhängigkeit. Kommt es dann aufgrund von Unverträglichkeit zu Trennungen, leiden Sie wie ein Tier. Weil Sie auch schrecklich stolz sind, versuchen Sie Ihre Schmerzen zu verstecken, was dumm und ungesund ist und das Desaster nur noch verschlimmert.

Venus-Check
Kann meine Venus gut allein sein? Wenn es sein muß. Aber schöner ist es zu zweit.
Sucht meine Venus Sicherheit? Nein, eher Anerkennung.
Besteht meine Venus auf Treue? Natürlich, schließlich ist sie die Größte.
Ist meine Venus eifersüchtig? Ist sie, gibt es aber nicht zu.
Findet meine Venus leicht Partner? Sie wird gefunden, Ihre Venus.

Venus in der Jungfrau – REINE LIEBE

Venusstärken Aufmerksam, unschuldig, rein
Venusschwächen Kühl

Zur Sexualität haben Sie ein recht gespaltenes Verhältnis, keine Frage. Einerseits wollen Sie Sex, sind sogar richtig süchtig danach, träumen womöglich von einem »Erotikclub«, Liebe und einem Orgasmus, der den Himmel erzittern läßt. Andererseits finden Sie Sex aber auch »dumm«, tierisch, primitiv, unter Ihrer Würde, und vor allem hat er rein gar nichts mit vollkommener Liebe zu tun.
Was jetzt? Ein bißchen schizophren? Keineswegs! Sie betrachten Sex lediglich aus sämtlichen Perspektiven. Und irgendwann verstehen Sie, daß er nichts anderes ist als reinste Energie. Dann sind Sie auch bereit, Ihre Sexualität zu sublimieren und in ein kosmisches Erlebnis zu transformieren. Bis Sie selbst ein »Heiliger« bzw. eine »Heilige« sind, müssen Sie's ausprobieren, alles, was es gibt ... Aber nicht vergessen! Sex ist nur eine Vorstufe, ein Übergang; dahinter kommt mehr, eine höhere Bestimmung und Erfüllung. Bleiben Sie auf dem laufenden!

Venus-Check
Kann meine Venus gut allein sein? Es geht, wenn es sein muß. Aber schön ist es nicht.
Sucht meine Venus Sicherheit? O ja, ohne Liebe ist sie ziemlich verloren.
Besteht meine Venus auf Treue? Natürlich, aber sie hält sich nicht daran.
Ist meine Venus eifersüchtig? Ist sie, sie leidet Dramen.
Findet meine Venus leicht Partner? Sie ist schüchtern und hat sich schon oft die Finger verbrannt.

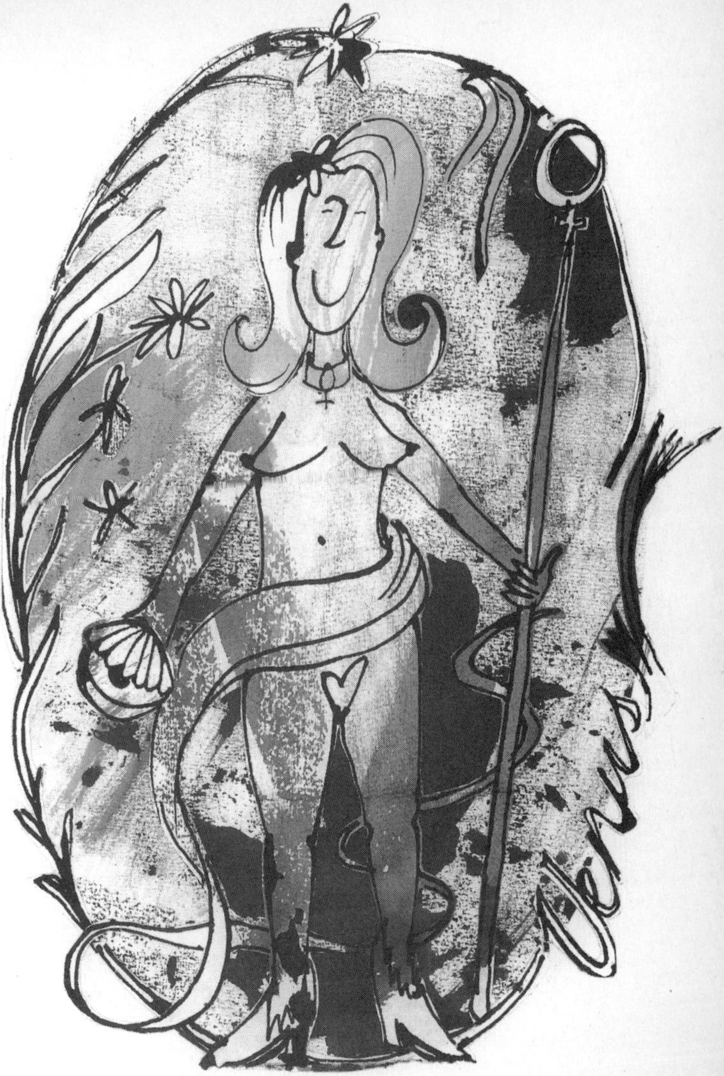

Venus ist ein anderes Wort für Liebe, Lust, Sex und Zärtlichkeit

Venus in der Waage – KUNSTVOLLE LIEBE

Venusstärken Charmant, stilvoll, einfühlsam
Venusschwächen Unklar

Erinnern Sie sich noch daran, als Sie ein kleines Mädchen bzw. ein kleiner Junge waren? Sie saßen bei Papa auf dem Schoß und himmelten ihn an. Oder Sie tapsten so süß lächelnd zu Ihrer Tante, daß sie Ihnen jeden Wunsch erfüllte. Seitdem hat sich nichts Wesentliches verändert. Sie haben vielleicht die Kunst, sich mit allen Tricks und Raffinessen ins beste Licht zu setzen, perfektioniert und beherrschen sie heute aus dem Effeff. Aber Sie möchten vor allem immer noch, wie damals als Drei- oder Vierjährige(r), daß die Menschen gut und friedlich miteinander umgehen – und erst recht dann, wenn sie sich lieben.
Natürlich gibt es auch Venus-in-der-Waage-Menschen, die ihre Berufung zum Liebeskünstler verloren haben. Sie wuchsen in zerrütteten Familien auf oder wurden falsch erzogen, eventuell sogar mißhandelt. Aber selbst die tiefsten Wunden können durch die Kraft der Liebe, die ihnen bereits in die Wiege gelegt wurde, geheilt werden.
Probieren Sie es noch einmal, und lernen Sie, sich besser zu schützen – nicht auf die grobe, tölpelhafte, stillose Art, sondern »schön verpackt«, sozusagen »mit rosaroter Schleife« ...!

Venus-Check

Kann meine Venus gut allein sein? Dafür ist sie nicht geboren.
Sucht meine Venus Sicherheit? Ja, aber sie gibt sie auch.
Besteht meine Venus auf Treue? Einerseits ja, andererseits weiß sie ja selbst, wie schön die Liebe ist.
Ist meine Venus eifersüchtig? Weniger eifersüchtig als enttäuscht.
Findet meine Venus leicht Partner? Das ist überhaupt kein Problem; alle Welt liebt sie.

Venus im Skorpion – TOTALE LIEBE

Venusstärken Leidenschaftlich, hingebungsvoll
Venusschwächen Eifersüchtig

Würde man Ihnen sagen, daß Sie Ihr ganzes Leben mit einem/einer »stinknormalen« Liebhaber(in) verbringen müßten, glauben Sie wahrscheinlich, Sie könnten sich auch gleich erschießen oder ins Kloster gehen ... Keine Dramen? Keine Eifersucht? Keine blutigen Schrammen? Liebe ist doch kein Spaziergang, bei dem sich zwei Menschen an den Händchen halten und freundlich anlächeln! Eine Herausforderung ist das, ein Tanz auf dem Vulkan – alles oder nichts! Ihre Venus hat sich doch nicht »zufällig« die spannendste Ecke im astrologischen Tierkreis ausgesucht. »Skorpion«, das ist ein anderes Wort für »Finsternis«, für »Unterwelt«, für »Hölle«.
Aber das Prinzip Skorpion bedeutet auch Transformation. Wer hinuntertaucht in die tiefste Lust und Leidenschaft, wer den Mythos völliger Hingabe nachvollzieht, der geht nicht unter, sondern steigt strahlend, leicht und selbstbewußt wieder auf: am anderen Ende des Tunnels ist Licht – und das wissen Sie auch!

Venus-Check

Kann meine Venus gut allein sein? Es geht, aber sie leidet.
Sucht meine Venus Sicherheit? Nein, sondern Leidenschaft, Gefühl, Tiefe.
Besteht meine Venus auf Treue? Natürlich, bis in den Tod ...
Ist meine Venus eifersüchtig? Ja, abgrundtief!
Findet meine Venus leicht Partner? Nein, weil sie wenige akzeptiert.

Das Marshoroskop – POTENT, AKTIV, ERFOLGREICH UND MÄNNLICH SEIN

Rötlich funkelnd wie Feuer oder Blut, so präsentiert sich nur ein Gestirn am nächtlichen Himmel: der Planet Mars. Abhängig von seiner Nähe zur Erde verändert sich obendrein die Intensität. Menschen früherer Zeiten erschauerten daher, wenn sein Rot zunahm. Sie sprachen von einem zornigen Auge am Himmel und betrachteten es als böses Omen.

In klassischer Zeit galt Mars als Kriegsgott und Beschützer im Kampf: »Beschütze uns, Mars, und schlage dafür den Feind mit Feigheit und Schwäche«, soll der römische Kaiser Titus Flavius vor seinen Schlachten gerufen haben.

Hinter Mars stecken allerdings nicht nur bedrohliche Eigenschaften: So schickt er zum Beispiel zündende Ideen, verleiht Startkraft und schenkt Courage. Mars sorgt für den richtigen Biß, um sich behaupten und Rivalen überwinden zu können. Er verleiht die für Konkurrenzgerangel unerläßlichen »spitzen Ellenbogen« und programmiert auf Sieg. Er verkörpert das Urmännliche, den heldenhaften, schönen Jüngling genauso wie einen sexbesessenen Macho. Mars steht auch einfach für Sex, Potenz und Triebkraft. In ganz besonderer Weise verrät die Marsposition die Art und Weise des Eroberungsspieles: Ob man direkt auf jemanden zugeht, abwartet oder gar zum Rückzug bläst – es ist Mars, der die Fäden zieht.

Er ist ein absolut männlicher Planet, vielleicht der männlichste überhaupt. Frauen besitzen zwar genau wie Männer ihren Mars, aber eher als Potential, als Anlagebild, und neigen dazu, ihn nicht selbst auszuleben, sondern ihn zu projizieren. Sie suchen sich Männer, die ihrem Mars entsprechen. Über diesen Umweg hat er dann doch Anteil an ihrem Leben. Frauen, die Berufe ergreifen, welche früher eher als typisch männlich galten – im Management beispielsweise –, leben ihren Mars weitgehend selbst. Mars ist der regierende Planet des Widders und besitzt daher viele Wesenszüge dieses Tierkreiszeichens.

DIE ERMITTLUNG DES MARSZEICHENS

Suchen Sie in der folgenden Marstabelle Ihren Geburtstag und entnehmen Sie Ihre Marsposition, die Sie auf den entsprechenden Text im anschließenden Kapitel über die Marszeichen verweist. (Siehe auch die Vorbemerkung am Beginn von Teil II dieses Buches.)

Die Marstabelle

1920* 23.8.–4.9. Skorpion, 5.9.–24.9. Schütze, **1921** 23.8.–18.9. Löwe, 19.9.–24.9. Jungfrau, **1922** 23.8.–13.9. Schütze, 14.9.–24.9. Steinbock, **1923** 23.8.–31.8. Löwe, 1.9.–24.9. Jungfrau, **1924** Wassermann, **1925** Jungfrau, **1926** Stier, **1927** 23.8.–10.9. Jungfrau, 11.9.–24.9. Waage, **1928** Zwillinge, **1929** Waage, **1930** 23.8.–28.8. Zwillinge, 29.8.–24.9. Krebs, **1931** 23.8.–17.9. Waage, 18.9.–24.9. Skorpion, **1932** 23.8.–20.9. Krebs, 21.9.–24.9. Löwe, **1933** 23.8.–26.8. Waage, 27.8.–24.9. Skorpion, **1934** 23.8.–30.8. Krebs, 31.8.–24.9. Löwe, **1935** 23.8.–16.9. Skorpion, 17.9.–24.9. Schütze, **1936** Löwe, **1937** Schütze, **1938** 23.8.–8.9. Löwe, 9.9.–24.9. Jungfrau, **1939** 23.8.–23.9. Steinbock, 24.9. Wassermann, **1940** Jungfrau, **1941** Widder, **1942** 23.8.–17.9. Jungfrau, 18.9.–24.9. Waage, **1943** 23.8. Stier, 24.8.–24.9. Zwillinge, **1944** Waage, **1945** 23.8.–7.9. Zwillinge, 8.9.–24.9. Krebs, **1946** Waage, **1947** Krebs, **1948** 23.8.–3.9. Waage, 4.9.–24.9. Skorpion, **1949** 23.8.–6.9. Krebs, 7.9.–24.9. Löwe, **1950** Skorpion, **1951** Löwe, **1952** 23.8.–27.8. Skorpion, 28.8.–24.9. Schütze, **1953** 23.8.–14.9. Löwe, 15.9.–24.9. Jungfrau, **1954** 23.8.–24.8. Schütze, 25.8.–24.9. Steinbock, **1955** 23.8.–26.8. Löwe, 27.8.–24.9. Jungfrau **1956** Fische, **1957** 23.8.–23.9. Jungfrau, 24.9. Waage, **1958** 23.8.–20.9. Stier, 21.9.–24.9. Zwillinge, **1959** 23.8.–5.9. Jungfrau, 6.9.–24.9. Waage, **1960** 23.8.–20.9. Zwillinge, 21.9.–24.9. Krebs, **1961** Waage, **1962** Krebs, **1963** 23.8.–11.9. Waage, 12.9.–24.9. Skorpion, **1964** 23.8.–14.9. Krebs, 15.9.–24.9. Löwe, **1965** Skorpion, **1966** 23.8.–25.8. Krebs, 26.8.–24.9. Löwe, **1967** 23.8.–9.9. Skorpion, 10.9.–24.9.

* Siehe auch die Anmerkung zur Mondtabelle.

Schütze, **1968** 23.8.–21.9. Löwe, 22.9.–24.9. Jungfrau, **1969** 23.8.–20.9. Schütze, 21.9.–24.9. Steinbock, **1970** 23.8.–2.9. Löwe, 3.9.–24.9. Jungfrau, **1971** Wassermann, **1972** Jungfrau, **1973** Stier, **1974** 23.8.–12.9. Jungfrau, 13.9.–24.9. Waage, **1975** Zwillinge, **1976** 23.8. Jungfrau, 24.8.–24.9. Waage, **1977** 23.8.–31.8. Zwillinge, 1.9.–24.9. Krebs, **1978** 23.8.–19.9. Waage, 20.9.–24.9. Skorpion, **1979** Krebs, **1980** 23.8.–28.8. Waage, 29.8.–24.9. Skorpion, **1981** 23.8.–1.9. Krebs, 2.9.–24.9. Löwe, **1982** 23.8.–19.9. Skorpion, 20.9.–24.9. Schütze, **1983** Löwe, **1984** Schütze, **1985** 23.8.–9.9. Löwe, 10.9.–24.9. Jungfrau, **1986** Steinbock, **1987** Jungfrau, **1988** Widder, **1989** 23.8.–19.9. Jungfrau, 20.9.–24.9. Waage, **1990** 23.8.–31.8. Stier, 1.9.–24.9. Zwillinge, **1991** 23.8.–31.8. Jungfrau, 1.9.–24.9. Waage, **1992** 23.8.–11.9. Zwillinge, 12.9.–24.9. Krebs, **1993** Waage, **1994** Krebs, **1995** 23.8.–6.9. Waage, 7.9.–24.9. Skorpion, **1996** 23.8.–9.9. Krebs, 10.9.–24.9. Löwe, **1997** Skorpion, **1998** Löwe, **1999** 23.8.–2.9. Skorpion, 3.9.–24.9. Schütze, **2000** 23.8.–16.9. Löwe, 17.9.–24.9. Jungfrau, **2001** 23.8.–7.9. Schütze, 8.9.–24.9. Steinbock, **2002** 23.8.–28.8. Löwe, 29.8.–24.9. Jungfrau, **2003** Fische

Mars im Widder – DIREKTES EROBERUNGSSPIEL

Marsstärken Energisch, kühn, mutig, stolz
Marsschwächen Streitsüchtig, egoistisch

Sie haben einen tollen Mars! Als Herrscher des Widderzeichens, dessen Element zudem das Feuer ist, kann er sich hier so richtig entfalten. Diese Konstellation verleiht Feuer im Doppelpack, macht kämpferisch, mutig und furchtlos. Sie sind ein Draufgänger, ein Held und Abenteurer, jemand, der nicht lange fackelt, sondern nach seiner Fasson lebt und dafür sorgt, daß sein Wille geschehe.
Allerdings kann es sein, daß sich Ihr Mars (noch) »versteckt«, daß Sie sich und andere vor ihm schützen, ihn vielleicht unterdrücken oder verleugnen. Sie halten sich vielmehr für eine friedliche oder gehemmte Person. Das würde dann bedeuten, daß Sie Ihren Mars erst noch entdecken müssen. Vielleicht kennen Sie diese Kraft bisher nur als inneres Rumoren, als gelegentliches Beben, als völlig unerwarteten Wutausbruch. Möglicherweise steigt Ihnen Ihr Mars auch in den Kopf und macht sich dort schmerzhaft bemerkbar. Sie können jedenfalls sicher sein, daß dieser Mars zum Ausbruch drängt wie Feuer in einem Vulkan. Besser, Sie geben ihm rechtzeitig Raum und verschaffen sich so Luft! Was Ihnen hilft, ist eine Tätigkeit, die Ihnen möglichst viel Freiheit läßt. Erleichterung finden Sie auch über sämtliche aktiven Sportarten. Am wichtigsten aber ist, daß Sie mit der Zeit mehr und mehr zu Ihrem Mars stehen, sich mehr zutrauen, öfters mal über die Stränge schlagen und sich nicht selbst dafür tadeln, wenn Ihr »marsischer« Anteil über Sie kommt.

Mars-Check
Wie gut setze ich mich durch? Ich habe alle Voraussetzungen, um mich gut durchzusetzen.
Wie aggressiv macht mich mein Mars? Ich muß mich ausleben, sonst werde ich sehr aggressiv.
Wieviel Sexpower verleiht mir mein Mars? Wenn ich mich nicht selbst unterdrücke, habe ich jede Menge Sex.

Mars im Stier – GENUSSVOLLES EROBERUNGSSPIEL

Marsstärken Ausdauernd, zäh, sinnlich
Marsschwächen Jähzornig, gierig, stur

Mars im Stier bedeutet eine Verbindung von Feuer (denn Mars ist ein Feuerplanet) und Erde (denn Stier ist vom Element her Erde). Diese Kombination verleiht Ihnen die Stärke eines mittleren Erdbebens. Was Sie anpacken, ziehen Sie auch durch, denn Sie haben nicht nur Kraft, sondern sind auch zäh und ausdauernd. Ihr Feuer brennt nicht lichterloh (um dann rasch in sich zusammenzufallen), es gleicht einer beständigen Glut. Darüber hinaus bringt die Begegnung des »Sexplaneten« Mars mit dem Tierkreiszeichen Stier eine betont sinnliche Komponente in Ihr Dasein. Die dritte Haupteigenschaft dieser Marsposition ist ein enormer Erwerbstrieb: Ihr Lebtag arbeiten Sie für Sicherheit, Geld, ein Haus, Luxus und was auch immer. Sie sind dafür geboren, das Fleckchen Erde, auf dem Sie leben, in ein blühendes Paradies zu verwandeln.
Möglicherweise aber führt Ihr Mars ein Schattendasein, und Sie kennen ihn noch gar nicht richtig. Vielleicht schätzen Sie Ihr Leben überhaupt nicht als übermäßig sinnlich ein oder bezeichnen sich sogar als arm. Aber das heißt nur, daß Sie Ihren Mars noch nicht »gefunden« haben. Dennoch existiert er, seine kolossale Kraft, seine Sinnlichkeit und der Zug zu Reichtum schlummern in Ihnen.
Was Ihnen hilft, Ihren Mars zu »wecken«, ist körperliche Bewegung und Kontakt mit der Natur. Am wichtigsten aber ist, daß Sie an Ihren Mars glauben und in Ihrem Denken und Handeln Raum dafür schaffen.

Mars-Check
Wie gut setze ich mich durch? Wenn ich angegriffen werde, werde ich stark.
Wie aggressiv macht mich mein Mars? Ich kann furchtbar wütend werden, wenn man mich reizt.
Wieviel Sexpower verleiht mir mein Mars? Darüber muß man kein Wort verlieren – oder höchstens eines: viel ...!

Mars in den Zwillingen – VERSPIELTES EROBERUNGSSPIEL

Marsstärken Gewandt, neugierig, vielseitig
Marsschwächen Unkonzentriert, zerstreut

Mars in den Zwillingen hilft Ihnen, ein unternehmerischer, vielseitig interessierter und talentierter Mensch zu sein. Diese Konstellation verleiht Ihnen ein Feuer, das mutig und unerschrocken macht. Mit Mars, dem Feuerplaneten, und Zwillinge, einem Luftzeichen, treffen zwei Elemente aufeinander, die eine sehr günstige Mischung ergeben: Feuer braucht Luft. Im übertragenen Sinne bedeutet Luft Kommunikation. Daraus folgt, daß Sie vitaler, lebendiger und feuriger werden, sobald Sie unter Menschen sind. Hingegen dämpft Alleinsein Ihr Temperament. Oder die Gedanken beginnen zu rotieren, und Sie können Ihren Kopf nicht mehr abschalten.

Ihre durch Mars in den Zwillingen gesteigerte Neugierde, Ihr Interesse an allem, läßt sich jedoch nur im Kontakt mit Ihrer Außenwelt ausreichend befriedigen.

Allerdings kann es auch sein, daß Sie Ihren Mars noch gar nicht richtig entdeckt haben und ihn daher nicht ausleben können. Ihr eigenes Leben kommt Ihnen vielleicht überhaupt nicht übermäßig interessant und abwechslungsreich, sondern eher ziemlich langweilig vor. Das hieße dann aber, daß Sie Ihren Mars schleunigst ans Licht holen sollten. In jedem Fall existiert diese lebendige Kraft in Ihnen. Daran gibt es keinen Zweifel.

Mars-Check

Wie gut setze ich mich durch? Verbal kann ich mich prima durchsetzen.

Wie aggressiv macht mich mein Mars? Ich schimpfe höchstens einmal kräftig.

Wieviel Sexpower verleiht mir mein Mars? Ich bin kein wildes Tier, aber ich habe viel Lust am Sex.

Mars im Krebs – GEFÜHLVOLLES EROBERUNGSSPIEL

Marsstärken Gefühlsstark, strebsam
Marsschwächen Nachlässig, »zickig«

Mars, der Feuerplanet, und Krebs, von seiner Energie her ein Wasserzeichen, treffen aufeinander. Das kann dazu führen, daß das Feuer zunächst einmal im Wasser erlischt. Dann ist man ein Mensch, der Schwierigkeiten hat, seinen Willen durchzusetzen, die Ellenbogen zu benutzen, sich zu behaupten – denn all dies sind Eigenschaften, die der Planet Mars verleiht. Zugleich ist man innerlich gespannt, spürt Wut, Frustration und Ungenügen, kann damit aber nicht richtig herausrücken.

Es gibt jedoch auch die Möglichkeit, den Mars im Krebs zu transformieren. Dabei gilt es zu akzeptieren, daß man zwar nicht so direkt und forsch handeln kann, wie man es bei einem ungebremsten Mars erwarten würde, dafür aber ein tiefes Gefühlsleben besitzt. Mit Mars im Krebs ist man in positivster Weise ein Mensch, der tief in sich hineinschaut und seine Seele (und auch die anderer) kennt. Wenn Sie Ihren Mars so leben und erleben, sind Sie ein rezeptiver, kreativer Mensch, einer, der durch sein Mitschwingen mit anderen und sein psychologisches Gespür am Ende genauso viel erreicht wie Menschen mit anderen Marspositionen.

Allerdings kann es auch sein, daß Ihr Mars noch ein Schattendasein führt. Sie schätzen ihn nicht und versuchen, ihn durch effektiveres Verhalten zu ersetzen. Nur funktioniert das so eben nicht: Am Ende werden Sie noch unsicherer sein.

Stehen Sie zu Ihrem Mars! Leben Sie Ihren Mars mit all seinen Widersprüchen. Betreiben Sie Weiterbildung in Sachen Psychologie. Das hilft Ihnen, sich selbst besser zu verstehen.

Mars-Check

Wie gut setze ich mich durch? Auf direktem Weg fällt es mir schwer, mich durchzusetzen.

Wie aggressiv macht mich mein Mars? Es braucht lange, bis ich wütend werde.

Wieviel Sexpower verleiht mir mein Mars? Wenn ich mich sicher fühle, bin ich sehr erotisch.

Mars im Löwen – IMPOSANTES EROBERUNGSSPIEL

Marsstärken Selbstbewußt, herzlich, stolz
Marsschwächen Selbstsüchtig, eitel

Sie haben einen besonders starken Mars, und das hat seinen guten Grund: Der feurige Planet Mars begegnet dem Löwen, einem dem Element Feuer zugehörenden Zeichen. Feuer trifft also auf Feuer, verdoppelt sich, wird zur lodernden Flamme. Da Feuer ein Symbol gleichermaßen für Tatkraft wie geistige Regsamkeit ist, müssen Sie ein dynamischer, unternehmungsfreudiger Mensch sein, dessen Wirken durchdrungen ist von geistiger Weitsicht und Größe. Ihren hohen Ansprüchen, mit denen Sie um die Durchsetzung Ihrer Ziele kämpfen, steht eine einnehmende Herzlichkeit und eine lockere, beinahe spielerische Haltung gegenüber. Man könnte meinen, Ihre Erfolge fallen Ihnen einfach in den Schoß. Aber Sie bekommen nichts »gratis«. Sie sind dem Leben und anderen Menschen gegenüber immer hilfsbereit und großzügig – und das gibt Ihnen das Leben zurück.
Sollten Sie sich in diesem Bild nicht finden und sich vom Leben eher benachteiligt als beschenkt fühlen, führt Ihr Mars ein Schattendasein. Sie haben ihn noch gar nicht richtig entdeckt und können ihn daher nicht ausleben.
Was Ihnen hilft, Ihren Mars zu »wecken«, ist Bewegung, Tanz, aktiver Sport. Vor allem aber müssen Sie direkter, spontaner und selbstbewußter werden. Sie müssen sich mit dem Mars in Ihrem Inneren verbinden – es ist alles da, was Sie brauchen.

Mars-Check

Wie gut setze ich mich durch? Damit habe ich überhaupt keine Probleme.
Wie aggressiv macht mich mein Mars? Ich bin nicht leicht aus der Ruhe zu bringen. Aber wenn es sein muß, kann ich richtig toben.
Wieviel Sexpower verleiht mir mein Mars? Starken Partnern schenke ich alles – Schwächlinge schläfern mich ein.

Mars in der Jungfrau – VERSTECKTES EROBERUNGSSPIEL

Marsstärken Geistig fit, vernünftig, aktiv, arbeitsmotiviert, fleißig
Marsschwächen Zwanghaft, überängstlich

Feuer und Erde verbinden sich bei der Konstellation Mars in der Jungfrau, einem Erdzeichen. Feuer und Erde zusammen wecken Aktivität, Arbeitswillen, Genauigkeit und Realitätssinn. Ihr Feuer gleicht einer anhaltenden Glut. Das macht Sie zu einem Menschen, der gern und gut arbeitet, ausdauernd und präzise ist, strategisch vorgeht und sich nicht unüberlegt in seine Arbeit stürzt. Mars in der Jungfrau macht auch vorsichtig. Das kann unter Umständen in Kleinlichkeit und Angst ausarten. Auch eine übertrieben kritische Haltung sich selbst und anderen gegenüber kann die Folge sein. Sie brauchen daher ein Ventil, etwas, das Ihnen erlaubt, Ihren Mars ohne zuviel Kontrolle und Analyse ausleben zu können, wie zum Beispiel Sport oder andere körperliche Aktivitäten. Auch riskante Freizeitbeschäftigungen (Paragliding, Klettern) sind für Sie und Ihren Mars geeignet: Sie passen nämlich gut auf sich auf – und Ihrem Mars ist Genüge getan. Das wiederum kommt, zusammen mit der Jungfrauenergie, Ihrem Schaffen zugute.
Sie sollten auch einen Weg finden, Ihre Wut und Ihre Verletzungen besser zu zeigen. Mit Mars in der Jungfrau neigt man nämlich dazu, seine Aggressionen zu unterdrücken und irgendwo zu »bunkern« – bis dann das Maß voll ist und man wegen einer Kleinigkeit »an die Decke geht«.

Mars-Check
Wie gut setze ich mich durch? Ich habe Probleme, mich durchzusetzen.
Wie aggressiv macht mich mein Mars? Ich brauche lange, bis ich explodiere.
Wieviel Sexpower verleiht mir mein Mars? Ich bin kein Hengst, aber auch keine Schnecke. Erfolg macht mich sexy.

Mars in der Waage – RAFFINIERTES EROBERUNGSSPIEL

Marsstärken Lebhaft, gesellig, charmant, beliebt, ausgleichend, korrekt
Marsschwächen Ausschweifend, untreu, unmäßig

Mit Ihrer Marsposition vereinigen sich Feuer (Mars) und Luft (Waage). Diese Kombination kommt beiden Elementen zugute und wertet sie auf. Sie sind daher ein leichter, »luftiger« Mensch von sanguinischem Temperament und besitzen die Gabe, andere rasch für sich einzunehmen. Ihr Auftreten ist charmant, einfühlsam, zuvorkommend. Ihr Mars in der Waage macht Sie auch zu einem Streiter für Frieden und Ausgleich. Wo immer Ungerechtigkeiten und Zwietracht herrschen, fühlen Sie sich aufgerufen, zu schlichten und zu versöhnen. Zuweilen bricht aber auch bei Ihnen Mars in all seiner Heftigkeit durch, nämlich dann, wenn Sie zu lange versucht haben, ihn zu kontrollieren und zu unterdrücken.
Mars in der Waage führt auch zu starker Denkarbeit. Sie glauben, alle Probleme mit dem Kopf lösen zu können. Wichtig ist, sich für Ihren Mars ein Ventil zu suchen. Man kann diesen Planeten nicht zu permanenter Friedfertigkeit veranlassen. Aber wenn Sie ihn anderweitig leben, beim Sport, bei abenteuerlicher Freizeitgestaltung, dann gelingt es Ihnen besser, Ihren Mars für Ihre friedlichen Missionen einzuspannen. Ein weiteres Plus Ihrer Marsposition ist ein guter Geschmack und künstlerisches Talent.

Mars-Check

Wie gut setze ich mich durch? Ich bin ein guter Taktiker.
Wie aggressiv macht mich mein Mars? Eigentlich bin ich sehr friedlich, aber manchmal explodiere ich schon wegen einer Kleinigkeit.
Wieviel Sexpower verleiht mir mein Mars? Sex habe ich genug. Aber ich suche mehr, und zwar geistiges Verstehen.

Mars im Skorpion – INBRÜNSTIGES EROBERUNGSSPIEL

Marsstärken Kraftvoll, ausdauernd, hartnäckig, leidenschaftlich, furchtlos und mutig
Marsschwächen Lasterhaft, rachsüchtig

Ihnen steht ein besonderer Mars, eine starke, vitale Kraft zur Seite. Sie sind ausgesprochen zäh, wenn es um die Verwirklichung eines Zieles geht, an dem Ihnen auch emotional liegt. Selbst Mühen und Unannehmlichkeiten, mit denen sich andere Menschen nicht belasten würden, nehmen Sie dann gern in Kauf. Nicht verwunderlich ist es, daß diese Hartnäckigkeit mitunter zu außerordentlichen Leistungen führt. Dennoch sind Sie kein Kraftprotz, einer, der die Muskeln spielen läßt und bei jeder Gelegenheit zeigen will, was er draufhat. Skorpion ist vom Element her ein Wasserzeichen. Die Kraft des Planeten Mars ist nicht auf äußere Wirkung aus. Seine Power geht nach innen. Diese Marsposition führt dazu, daß Sie instinktmäßig wissen, wann Ihr Einsatz wichtig ist, wann etwas Bedeutsames und Wichtiges ansteht und erledigt werden muß: Dann werden Sie zum »Helden«. Daher ist Ihnen zu raten, Herausforderungen zu suchen und anzunehmen. Nur dann steht Ihr Mars voll auf Ihrer Seite, während Sie sonst beinahe müde und lustlos sein können.
Ihr Mars neigt zur Zerstörung. Das ist immer dann gut, wenn etwas alt, verbraucht, überholt und ein neuer Anfang angezeigt ist. Aber hüten Sie sich vor mutwilliger Zerstörung! – Mit Mars im Skorpion verfügen Sie auch über eine kolossale Sexpower. Sie sind leidenschaftlich, triebstark und letztendlich beseelt von der Idee, für Nachwuchs zu sorgen.

Mars-Check
Wie gut setze ich mich durch? Ich bringe meine Power indirekt ein und setze so meinen Willen durch.
Wie aggressiv macht mich mein Mars? Ich kann alles zerstören.
Wieviel Sexpower verleiht mir mein Mars? Mehr als allen anderen.

Mars im Schützen – FEURIGES EROBERUNGSSPIEL

Marsstärken Schlagfertig, gerecht, begeisterungsfähig, klar und offen
Marsschwächen Streitbar, aggressiv, beleidigend

Mit Mars im Schützezeichen trifft Feuer wieder auf Feuer und wird zur lodernden Flamme: Ihr Mars zeigt sich mit besonderer Intensität. Da Feuer ein Symbol gleichermaßen für Tatkraft wie geistige Regsamkeit ist, müssen Sie ein dynamischer, unternehmungsfreudiger Mensch sein, dessen Wirken durchdrungen ist von geistiger Weitsicht und Größe. Ihr Handeln und Wirken wird stark von Idealen geleitet: von Gerechtigkeit, Ritterlichkeit und Fairneß. Sie sind leicht zu begeistern und – einmal in Schwung – kaum zu bremsen. Was Sie brauchen, ist ein Ziel, eine Hoffnung, eine Perspektive, sonst erlischt Ihr Feuer.
Allerdings kann es auch sein, daß Ihr Mars noch ein Schattendasein führt, daß Sie ihn noch gar nicht richtig entdeckt haben. Vielleicht meinen Sie, keineswegs feurig oder übermäßig aktiv zu sein, sondern erleben sich eher als passiven Zeitgenossen. Dies hieße dann, daß Sie einen Teil Ihres Selbst negieren – und sich auf die Suche nach Ihrem Mars begeben sollten.
Was Ihnen hilft, Ihren Mars zu »wecken«, ist Bewegung, Tanz, aktiver Sport und Reisen. Vor allem aber müssen Sie direkter, spontaner und selbstbewußter werden. Sie müssen sich mit dem Mars in Ihrem Inneren verbinden – es ist alles da, was Sie brauchen.

Mars-Check

Wie gut setze ich mich durch? Solange Fairneß herrscht, kann ich mich prima durchsetzen.
Wie aggressiv macht mich mein Mars? Ich bin nicht aggressiv, aber für eine gute Sache werde ich zum heiligen Krieger.
Wieviel Sexpower verleiht mir mein Mars? Sex bringt mich dem Himmel näher.

Mars im Steinbock – BERECHNENDES EROBERUNGSSPIEL

Marsstärken Verantwortungsvoll, geduldig, zäh, mutig, tatkräftig
Marsschwächen Eigenwillig, mißmutig

Mars im Steinbock führt zu einer Verbindung von Feuer und Erde, da der Steinbock zu den Erdzeichen zählt. Feuer und Erde zusammen wecken Arbeitswillen, Genauigkeit und Realitätssinn. Ihr Feuer brennt nicht lichterloh (um sich dann rasch zu verzehren), sondern lang anhaltend wie eine wohlgeschürte Glut. Das macht Sie zu einem Menschen, der gern und gut arbeitet, ausdauernd und präzise ist, strategisch vorgeht und sich nicht unüberlegt in seine Tätigkeiten stürzt. Mars im Steinbock macht auch extrem widerstandsfähig. Man kann Sie mit einem Diamantbohrer vergleichen, der sich in eine Sache unaufhaltsam hineinfrißt. Mars im Steinbock macht erfolgreich. Er verleiht Ihnen die entsprechende Motivation und ein Gespür für Machtverhältnisse.
Diese Konstellation bedeutet aber auch, daß sich Mars total wandeln muß. Aus einer impulsiven, feurigen, leicht erregbaren, leidenschaftlichen Energie wird eine kontrollier- und regelbare Kraft, die sich einer höheren Absicht fügt und dem Allgemeinwohl dient. Sie dürfen allerdings die ursprüngliche Qualität von Mars nicht vollständig verlieren. Das würde zu Aggressionsstau und unter Umständen sogar zu gesundheitlichen Problemen führen. Es ist also wichtig, sich für Ihren Mars ein Ventil zu suchen. Wenn Sie ihn anderweitig leben, beim Sport oder bei abenteuerlicher Freizeitgestaltung, dann gelingt es Ihnen besser, Ihren Mars für Ihre höheren Zwecke einzuspannen.

Mars-Check
Wie gut setze ich mich durch? Ich bin ein harter Arbeiter und schaffe alles, was ich will.
Wie aggressiv macht mich mein Mars? Normalerweise bin ich friedlich. Wer es aber drauf anlegt, wird mich kennenlernen.
Wieviel Sexpower verleiht mir mein Mars? Wenn die Verhältnisse stimmen, hole ich mir auch hier meine Gipfelerlebnisse!

Mars im Wassermann – GEISTREICHES EROBERUNGSSPIEL

Marsstärken Aufgeweckt, innovativ, selbständig, schöpferisch
Marsschwächen Prahlerisch, eingebildet

Mit Ihrer Marsposition vereinigen sich Feuer (Mars) und Luft (Wassermann). Diese Kombination kommt beiden Elementen zugute und wertet sie auf. Sie sind daher ein leichter, »luftiger« Mensch, der die Gabe besitzt, andere für sich einzunehmen. Ihr Auftreten ist charmant, einfühlsam und zuvorkommend.
Alltag, graues Einerlei, tägliche Routine erzeugen bei Ihnen eine Gänsehaut. Sie möchten Neues erschaffen, eingefahrene Gleise verlassen, originell und schöpferisch sein. Freiheit ist für Sie überaus wichtig. Sie arbeiten besser, wenn Sie nicht ständig jemand gängelt. Sie sind der geborene »Freelancer«. Ihr ausgeprägtes Improvisationstalent ermöglicht Ihnen, originelle und unkonventionelle Lösungen zu finden, wenn Sie nicht durch Vorgaben eingeschränkt werden. In Beziehungen wird es Ihnen ebenfalls schnell zu eng. Eine Ehe bereitet Ihnen (auch) Probleme, Sie fühlen sich unfrei, wie »eingesperrt«.
Vielleicht aber entspricht diese Charakterisierung nicht Ihrem Selbstbild: Weder schätzen Sie sich als unabhängig oder freiheitsliebend noch als übermäßig schöpferisch ein. Dann ist zu vermuten, daß Ihr Mars noch auf seine Entdeckung wartet. Machen Sie sich auf die Suche! Was Ihnen hilft, Ihren Mars zu »wecken«, ist Bewegung, vor allem Tanz. Noch wichtiger aber ist, unkonventioneller und spontaner zu werden. Sie müssen sich mit dem Mars in Ihrem Inneren verbinden – es ist alles da, was Sie benötigen.

Mars-Check

Wie gut setze ich mich durch? Ich bin genial, aber nicht unbedingt durchsetzungsstark.
Wie aggressiv macht mich mein Mars? Ich hasse aggressive Menschen.
Wieviel Sexpower verleiht mir mein Mars? Sex ist schön, aber er ist nicht alles.

Mars in den Fischen – SPHINXHAFTES EROBERUNGSSPIEL

Marsstärken Empfänglich, intuitiv, einfühlsam, kreativ
Marsschwächen Willensschwach, beeinflußbar, täuschbar

Der Feuerplanet Mars steht im Wasserzeichen Fische: Feuer und Wasser treffen aufeinander. Das kann dazu führen, daß das Feuer zunächst einmal ausgeht. Dann sind Sie jemand, der Schwierigkeiten hat, seinen Willen durchzusetzen, die Ellenbogen zu benutzen und sich zu behaupten – denn all dies sind marsische Eigenschaften. Gleichzeitig fühlen Sie sich jedoch innerlich gespannt, spüren Wut, Enttäuschung und Ungenügen, kommen damit aber nicht richtig heraus.

Es gibt jedoch auch die Möglichkeit, den Mars in den Fischen zu transformieren. Dazu muß man akzeptieren, daß man zwar nicht so direkt und forsch vorgeht, wie man es bei einem ungebremsten Mars erwarten würde, dafür aber eine andere Fähigkeit besitzt, nämlich ein kolossales Gespür. Das Fischezeichen ist seinem Wesen nach »transparent«, es besitzt keine klaren Grenzen, versetzt jemanden daher in die Lage, sich universell zu »vernetzen«. Man besitzt also eine Art sechsten Sinn, spürt andere Menschen, die sich nicht einmal in der Nähe aufhalten, ja, vermag sich sogar in die Zukunft zu »beamen«. Mars kann all diese Fähigkeiten noch steigern: Man wird zum paranormalen Individuum.

Wenn Sie Ihren Mars so in Ihr Leben integrieren, sind Sie ein Mensch, der durch sein Mitschwingen mit anderen und sein psychologisches Gespür am Ende genauso viel erreicht wie Menschen mit anderen Marspositionen.

Mars-Check

Wie gut setze ich mich durch? Damit habe ich Probleme. Versuche ich es dennoch, muß ich von der Sache hundertprozentig überzeugt sein.

Wie aggressiv macht mich mein Mars? Es dauert ewig, bis ich aus der Haut fahre.

Wieviel Sexpower verleiht mir mein Mars? Sex ist wunderbar, aber er ist nicht alles ...

Das Jupiterhoroskop –
INNERLICH UND ÄUSSERLICH REICH UND ERFOLGREICH SEIN

Jupiterzeichen

Nachts, wenn Venus nicht mehr (oder noch nicht) am Himmel leuchtet, ist Jupiter einer der hellsten Sterne überhaupt. Kein Wunder daher, daß er unseren Vorfahren, die der Nacht in viel umfassenderem Maße ausgeliefert waren als wir heute in unserer künstlich erhellten Zeit, ein Symbol für Hoffnung, Trost, Stimmigkeit und Gerechtigkeit war. Oft verband man ihn mit der obersten Gottheit.
So auch in der griechischen Mythologie, auf die sich die Symbolik der Astrologie entscheidend bezieht. Jupiter heißt bei den Griechen »Zeus«, und über ihn gibt es unzählige Mythen. So war er es, der gegen seinen Vater Saturnus bzw. Kronos, den obersten der Titanen, antrat

und ihn besiegte. Saturnus hatte nämlich außer Zeus alle seine Nachkommen aufgefressen, weil ihm geweissagt worden war, daß ihn eines seiner Kinder vom Throne stoßen würde. Rheia, Zeus' Mutter, versteckte ihren Sohn vor dem Vater, und die Prophezeiung erfüllte sich: Zeus entthronte ihn und warf ihn in den Tartaros.
Andere Geschichten über Zeus/Jupiter erzählen eher Delikates. So gelüstete es den obersten Gott wie gesagt immer wieder nach weltlichen Frauen, die er durch List dazu brachte, mit ihm zu schlafen und Kinder von ihm zu empfangen. Bei Leda verwandelte er sich zum Beispiel in einen Schwan und zeugte mit ihr Pollux. Auch Herakles und Dionysos entstammten seinem gemeinsamen Lager mit sterblichen Frauen. Gezeugt durch den unsterblichen Jupiter, erlangten seine Kinder ebenfalls die Unsterblichkeit.
Die Position Jupiters im Horoskop verweist daher einerseits auf tiefe Einsichten: Jupiter sorgt dafür, daß uns »ein Licht aufgeht«, wir letzten Endes weise werden. Auf der anderen Seite verkörpert Jupiter eine Gestalt, der eine unendlich große Liebe zukommt. Sinnbildlich gesprochen, sehnt sich der Mensch danach, sich mit dem göttlichen Jupiter zu vereinigen, um Kinder (symbolisch für Ideen und Taten) zu gebären, die unsterblich sind.
Des weiteren repräsentiert Jupiter den großen Helfer und Heiler. Dort, wo er im Horoskop steht, findet der Mensch Kräfte, sich und andere zu trösten und zu stärken. Am bekanntesten ist Jupiter in der Astrologie aber deswegen, weil er das Glück verheißt.

DIE ERMITTLUNG DES JUPITERZEICHENS

Suchen Sie in der Jupitertabelle Ihren Geburtstag, und entnehmen Sie Ihre Jupiterposition, die Sie auf den entsprechenden Text im anschließenden Kapitel über die Jupiterzeichen verweist. (Siehe auch die Vorbemerkung am Beginn von Teil II dieses Buches.)

Die Jupitertabelle

1920* 23.8.–27.8. Löwe, 28.8.–24.9. Jungfrau, **1921** Jungfrau, **1922** Waage, **1923** Skorpion, **1924** Schütze, **1925** Skorpion, **1926** Wassermann, **1927** 23.8.–11.9. Widder, 12.9.–24.9. Fische, **1928** Stier, **1929** Zwillinge, **1930** Krebs, **1931** Löwe, **1932** Jungfrau, **1933** 23.8.–9.9. Jungfrau, 10.9.–24.9. Waage, **1934** Waage, **1935** Skorpion, **1936** Schütze, **1937** Steinbock, **1938** Wassermann, **1939** Widder, **1940** Stier, **1941** Zwillinge, **1942** Krebs, **1943** Löwe, **1944** Jungfrau, **1945** 23.8.–24.8. Jungfrau, 25.8.–24.9. Waage, **1946** Waage, **1947** Skorpion, **1948** Schütze, **1949** Steinbock, **1950** 23.8.–15.9. Fische, 16.9.–24.9. Wassermann, **1951** Widder, **1952** Stier, **1953** Zwillinge, **1954** Krebs, **1955** Löwe, **1956** Jungfrau, **1957** Waage, **1958** 23.8.–6.9. Waage, 7.9.–24.9. Skorpion, **1959** Skorpion, **1960** Schütze, **1961** Steinbock, **1962** Fische, **1963** Widder, **1964** Stier, **1965** 23.8.–20.9. Zwillinge, 21.9.–24.9. Krebs, **1966** Krebs, **1967** Löwe, **1968** Jungfrau, **1969** Waage, **1970** Skorpion, **1971** 23.8.–11.9. Skorpion, 12.9.–24.9. Schütze, **1972** Schütze, **1973** Wassermann, **1974** Fische, **1975** Widder, **1976** 23.8. Stier, 24.8.–24.9. Zwillinge, **1977** Krebs, **1978** 23.8.–4.9. Krebs, 5.9.–24.9. Löwe, **1979** Löwe, **1980** Jungfrau, **1981** Waage, **1982** Skorpion, **1983** Schütze, **1984** Steinbock, **1985** Wassermann, **1986** Fische, **1987** Widder, **1988** Zwillinge, **1989** Krebs, **1990** Löwe, **1991** 23.8.–11.9. Löwe, 12.9.–24.9. Jungfrau, **1992** Jungfrau, **1993** Waage, **1994** Skorpion, **1995** Schütze, **1996** Steinbock, **1997** Wassermann, **1998** Fische, **1999** Stier, **2000** Zwillinge, **2001** Krebs, **2002** Löwe, **2003** 23.8.–26.8. Löwe, 27.8.–24.9. Jungfrau

* Siehe auch die Anmerkung zur Mondtabelle.

Jupiter im Widder – DAS GLÜCK DES FEUERS

Jupiterstärken Selbstvertrauen, Optimismus
Jupiterschwächen Prahlerei

Ihr Glück ist für Sie die Möglichkeit, Ihren Willen und Ihre Impulse spontan und unmittelbar umsetzen zu können. Sie sind ein Abenteurer – in Wirklichkeit wie im Geiste. Sie möchten wie Kolumbus die Welt entdecken. Und wie Einstein, Hildegard von Bingen oder Galileo Galilei den Gipfel menschlicher Erkenntnis erreichen. Wenn Sie sich bewegen, geistig wie körperlich, sind Sie Ihrem Schöpfer am nächsten. Stillstand hingegen weckt Resignation; Sie fühlen sich fern und ausgestoßen vom großen Ganzen. Durch Ihre optimistische und positive Weltauffassung sind Sie dafür bestimmt, anderen voranzugehen oder ihnen den Weg zu weisen. Denn Sie tragen eine Fackel des Lichts und der Wahrheit.
So schlummert auch ein Heiler und Prophet in Ihnen, der im Laufe Ihres Lebens geweckt werden will. Bevor Sie allerdings selber ein Lichtbringer sein können, werden Sie Persönlichkeiten suchen, die Ihnen auf Ihrem eigenen Weg ein Vorbild sind. Mit der Gabe, andere zu führen, müssen Sie behutsam umgehen. Hüten Sie sich, andere zu blenden oder sich über deren Unwissen zu erheben. Sie dürfen Ihre Demut nie verlieren, und Sie dürfen nicht vergessen, daß Sie selbst auch – und sogar zuallererst – ein Suchender sind.

Jupiter-Check
Wie habe ich Erfolg, inneres und äußeres Glück? Durch Handeln, Reisen, Unternehmungen, Initiativen.
Wie kann ich helfen und heilen? Durch tatkräftiges Unterstützen, Körpertherapie, Yoga, Sport, Wärme. Andere motivieren, ihnen Mut zusprechen.

Jupiter im Stier – DAS GLÜCK DER ERDE

Jupiterstärken Geduld, Großzügigkeit
Jupiterschwächen Bequemlichkeit

Ihr Glück liegt im ungestörten Genuß. Überfluß und Sicherheit bedeuten für Sie die Erfüllung Ihrer Wünsche. Natürlich würden Sie Ihr erstrebtes Glück, wenn es möglich wäre, herbeizaubern, aber Sie können auch warten. Wie ein Gärtner geduldig sät und die wachsenden Pflanzen hegt, damit sie zur vollen Größe gedeihen können, so überwachen Sie Ihr Hab und Gut, Ihre Anlagen und Talente und entwickeln sie zur vollen Reife.
Der Vergleich mit dem Gärtner ist auch in anderer Hinsicht passend. Denn Sie lieben die Natur. Eine Waldlichtung im Frühling erscheint Ihnen als Dom, und Sie sind Ihrem Schöpfer dort vielleicht näher als in einer Kirche. Die Natur zeigt Ihnen absolute Ordnung, Stimmigkeit und Erfüllung. Und Natur heilt. Sie heilt Sie, wenn Sie erschöpft oder krank sind. Sie brauchen sich nur unter einen Baum zu legen, und Sie fühlen sich sofort besser.
In der Natur finden Sie aber auch die Stoffe, um andere zu heilen. Nahrung, Heilkräuter, homöopathische Essenzen. Alles erhält durch Ihren Jupiter eine höhere Potenz, heilt und macht ganz. Sie sollten sich jedoch davor hüten, sich nicht im reinen Besitz zu verlieren: Ein Baum sammelt nicht die Erde, die ihn hält, er benützt sie, um in den Himmel zu wachsen.

Jupiter-Check
Wie habe ich Erfolg, inneres und äußeres Glück? Durch Geduld und Nähe zur Erde. Durch materiellen Wohlstand. Durch Liebe und Sinnlichkeit.
Wie kann ich helfen und heilen? Durch die Heilkräfte der Natur. Aber auch allein Ihre Nähe beruhigt und heilt.

Jupiter in den Zwillingen – DAS SELBSTVERSTÄNDLICHE GLÜCK

Jupiterstärken Begeisterungsfähigkeit
Jupiterschwächen Ruhelosigkeit

Ihr Glück finden Sie im Alltäglichen, auf einem Wochenmarkt, im Zug, bei einer Unterhaltung mit Freunden und Bekannten. Aber auch zu Menschen, die Sie noch nicht kennen, finden Sie rasch einen Bezug und große Nähe. Dieses »kleine Glück« bedeutet Ihnen wesentlich mehr als die Suche nach großer und absoluter Erfüllung.
Sie haben eine enorme sprachliche Begabung und werden in Ihrem Leben bestimmt mehrere Sprachen lernen. Sie können auch gut schreiben und sprechen.
Um sich wohl zu fühlen, brauchen Sie die Geselligkeit, den verbalen Austausch und die lebendige Kommunikation. Unter Menschen finden Sie zu sich und fühlen sich aufgehoben im Ganzen der Schöpfung. Allein hingegen verlieren Sie Ihre innere Sicherheit und den tiefen Glauben, daß alles sinnvoll und von höherem Willen getragen ist. Daher ist es auch Ihre Aufgabe, Menschen miteinander zu verbinden, damit sie sich nicht als Individuen erfahren, die wie Robinson Crusoe »allein auf einer Insel« leben. Der Mensch ist ein soziales Wesen. Er wächst in einer Familie auf, schafft sich später seine eigene Familie, seine Arbeitswelt, seine Freunde. Selbst wenn er die Erde verläßt, geht er nicht in die Einsamkeit, sondern dorthin, wo sich immer schon alle aufhalten. Sie sind auf der Welt, um Menschen aus ihrer Einsamkeit zu befreien, in die sie irrtümlicherweise geraten sind.

Jupiter-Check
Wie habe ich Erfolg, inneres und äußeres Glück? In den »kleinen«, alltäglichen Dingen, die um Sie herum sind. Und in der Begegnung mit anderen.
Wie kann ich helfen und heilen? Durch gute Worte, aufmunternden Zuspruch, durch Zuhören und Teilnahme. Durch Schaffen von Verbindungen.

Jupiter im Krebs – DAS GLÜCK DES FÜHLENS

Jupiterstärken Suggestivwirkung, Phantasie
Jupiterschwächen Gefühlspathos, Mißbrauch

Glück finden Sie in Ihren eigenen und in den Gefühlen anderer. Auch Musik oder ein Gedicht weckt ein Ahnen, das Sie Ihrem Schöpfer näherbringt. Gott ist Ihrer Meinung nach ein Gefühl der Verschmelzung mit dem Strom, aus dem alles kommt, und dem Ozean, in den alles mündet.
Man könnte Sie auch einen »Seelentaucher« nennen, denn Ihre liebste Beschäftigung ist, in Ihre eigene oder die Seele anderer Menschen zu tauchen. Eine gesunde und heile Psyche ist für Sie unerläßlich, um zufrieden zu sein. Daher wenden sich auch andere Menschen an Sie, weil sie instinktiv spüren, daß Sie ihnen dabei helfen können, die eigene Seele zu heilen. So betrachtet sind Sie ein Lichtbringer, der anderen Frieden schenkt.
In der Familie sehen Sie den Anfang allen Glücks – aber auch den Anfang allen Elends. Sie werden daher nicht müde, die heile, sinnstiftende, ganzheitliche, befreiende Familie zu postulieren. In diesem Zusammenhang ist eines sehr wichtig: Sosehr Sie die Familie lieben, so fern liegt es Ihnen, nur Ihr eigenes Nest zu bewundern. Ganz im Gegenteil, fremde Sitten und Gewohnheiten sind Ihnen ebenso wichtig wie die eigenen. Am liebsten würden Sie in einer Gemeinschaft leben, die von Menschen der unterschiedlichsten Herkunft getragen wird.
Geborgenheit ist für Sie kein leeres Wort, sondern ein anderer Ausdruck für Erfüllung, Heimat, Göttlichkeit und Ewigkeit. Wie ein Seismograph erspüren Sie daher Unstimmigkeiten in Ihrer Umgebung, die Disharmonie verursachen und den Frieden stören können. Ihre großen heilerischen Fähigkeiten ermöglichen es, solche Dissonanzen zur Auflösung zu bringen. Hüten Sie sich aber davor, als Retter aufzutreten. Sie sind stark, wenn Sie gewisse Dinge einfach nur geschehen lassen.

Jupiter-Check
Wie habe ich Erfolg, inneres und äußeres Glück? Im Fühlen, in der Liebe, im Geben, in der Familie, in der Vergangenheit, bei den Ahnen.
Wie kann ich helfen und heilen? Durch aufdeckende Gespräche und Begleiten.

Jupiter im Löwen – DAS GLÜCK DER FREUDE

Jupiterstärken Herzenswärme, Großmut
Jupiterschwächen Eitelkeit, Dünkel

Glück bedeutet für Sie, die Möglichkeit zu haben, spontan und großzügig schenken zu können. Äußere Werte sind Ihnen deshalb nicht unwichtig, denn nur wer hat, kann geben. Aber Sie sind absolut kein Materialist, im Gegenteil: Wenn Sie nach Macht und Einfluß streben, dann nicht in erster Linie um persönlicher Vorteile willen, sondern weil Sie überzeugt sind, mit Ihrem Eintreten für Ihre Werte einen wichtigen Beitrag für die Allgemeinheit leisten zu können. Geben und großzügig sein zu können sind für Sie wesentliche Eigenschaften. Aber dieses Geben bezieht sich auf ganz andere Dinge als auf Geld und schöne Geschenke: In Ihnen lebt auch die Göttin der Muse, die nur geweckt werden möchte, um andere zu erfreuen, zu unterhalten, zu erheben. Als Künstler, Maler, Musiker, Bildhauer, Poet – darin steckt Ihre größte Erfüllung. Sie müssen jedoch nicht bühnenreif singen oder druckreif schreiben können, um Ihrer Bestimmung als »göttlicher Unterhalter« gerecht zu werden. Wo immer Sie unter Menschen sind, verbreiten Sie Ihren Optimismus. So liegt denn Ihre Bestimmung auch darin, anderen die Freude am Leben zu zeigen.
Wovor Sie sich hüten müssen, ist Ihr Stolz. Sie können nur schwer Kritik ertragen. Und wenn sich andere von Ihnen abwenden, erleben Sie das immer als persönlichen Affront. Bleiben Sie heiter! Tragen Sie das Feuer der Freude unter die Menschen! Aber achten Sie darauf, daß Sie niemanden damit verbrennen!

Jupiter-Check
Wie habe ich Erfolg, inneres und äußeres Glück? Durch lebendige Teilnahme am Leben. Durch Großzügigkeit. Durch die Kraft der Heiterkeit.
Wie kann ich helfen und heilen? Zeigen Sie anderen das Leben, wie Sie es wahrnehmen, als nährenden Urgrund, als göttlichen Spielplatz.

Jupiter in der Jungfrau – DAS GLÜCK DER GESUNDHEIT

Jupiterstärken Engagement, Bescheidenheit
Jupiterschwächen Zersplitterung

Glück ist für Sie die einfachste Sache der Welt, es liegt vor der Tür, es muß nur gefunden und aufgehoben werden. Sie sind daher auch kein Freund großangelegter und sich ewig hinziehender Expeditionen auf der Suche nach dem Glück. Entweder es ist hier – oder nirgends. Manchmal finden Sie das Glück in der Arbeit. Es stimmt Sie völlig zufrieden, wenn Dinge passen oder richtig ineinandergefügt sind und am Schluß eine Maschine läuft oder ein bestimmtes Programm Ergebnisse liefert. Manchmal finden Sie Ihr Glück in der Ordnung: Insbesondere die Natur ist Ihnen darin ein genialer Lehrmeister. Die Folge der Jahreszeiten, das Ineinandergreifen von Phasen des Wachstums und der Stagnation – das alles ist für Sie ein Ausdruck göttlicher Ordnung, die sich in Geschehnissen am Himmel tagtäglich und jahraus, jahrein wiederholt. Auf besondere Weise faszinieren Sie aber die Vorgänge im menschlichen Körper. Dieses tagtägliche Wunder von Nahrungsaufnahme und Verwandlung in Leben, das Ineinandergreifen von Atmung und dem Schlagen des Herzens, das alles ist für Sie ein sinnhafter Beweis göttlichen Wirkens.
Ihr Wissen über die Natürlichkeit und Göttlichkeit des menschlichen Seins befähigt Sie daher zum Heiler. Dafür müssen Sie nicht gleich Arzt, Heilpraktiker oder Psychotherapeut sein. Allein durch Ihre Nähe und Ihr Bewußtsein bewirken Sie bei anderen kleine Quantensprünge. Je weiter Sie selbst sind, um so eher können Sie anderen ein Vorbild sein. Wovor Sie sich hüten müssen, ist, Ihr wertvolles Wissen zu mißbrauchen. Wirken Sie durch Ihr gutes Beispiel und nicht durch Druck und Besserwisserei!

Jupiter-Check

Wie habe ich Erfolg, inneres und äußeres Glück? Im alltäglichen Tun. In der Arbeit. Im Gefühl der Ordnung.
Wie kann ich helfen und heilen? Durch bewußte Ernährung. Durch Studium von Körper und Geist. Durch Lernen von der Natur.

Jupiter sorgt dafür, daß uns ein Licht aufgeht

Jupiter in der Waage – DAS GLÜCK DER LIEBE

Jupiterstärken Toleranz, Lebenskünstler
Jupiterschwächen Eitelkeit, Genußsucht

Glück finden Sie in der Kraft der Liebe. Sie müssen nicht einmal selbst daran unmittelbar beteiligt sein. Auch wenn andere Menschen die Liebe finden, fühlen Sie sich angenommen, zu Hause, eins mit der Schöpfung. Noch göttlicher ist es natürlich, wenn die Liebe Sie selbst betrifft ... Auf einer Wolke schweben Sie, im Paradies sind Sie, im Himmel ... Liebe ist Ihrer Meinung nach Ursprung und Ziel allen Seins. Gott ist die Liebe, und das Leben entspringt aus ihr. Der Liebe geben Sie alles. Umgekehrt beschenkt Sie die Liebe auch. Sie erhalten die Fähigkeit, andere tief zu berühren, sie zu trösten, zu erfreuen und aufzubauen. Ihre Liebe ermöglicht es Ihnen, unterschiedliche Tendenzen und Wünsche aufzunehmen und in Einklang zu bringen. Sie finden immer wieder tragfähige Kompromisse, bei denen niemand der Verlierer ist. Ihr sicheres Geschick prädestiniert Sie für viele Tätigkeiten und Berufe, bei denen es auf Vermittlerqualitäten ankommt, zum Beispiel in der Politik, wenn es darum geht, Menschen mit den unterschiedlichsten Meinungen an einen Tisch zu bringen.
Auch der Kunst gehört Ihr Herz. Allerdings zählt für Sie nur das zur Kunst, was von Liebe getragen ist und Harmonie und Stimmigkeit ausdrückt. Im Grunde genommen schlummert in Ihnen selbst ein Künstler, der darauf wartet, seine Fähigkeiten zum Fließen bringen zu können.
Wovor Sie sich hüten müssen, ist, sich von Liebe und Harmonie einlullen zu lassen. Alles im Leben hat zwei Seiten. Zur Liebe gehört Auseinandersetzung und zur Harmonie Spannung. Nur wenn Sie das Gleichgewicht zwischen Harmonie und Spannung finden, ergibt sich vollendete Liebe.

Jupiter-Check
Wie habe ich Erfolg, inneres und äußeres Glück? Indem Sie verzeihen, lieben, empfangen und geben.
Wie kann ich helfen und heilen? Allein Ihre Nähe heilt.
Ihre Berührungen sind Labsal für Körper, Seele und Geist.

Jupiter im Skorpion – DAS GLÜCK DER TIEFE

Jupiterstärken Tiefgründigkeit, Spiritualität
Jupiterschwächen Exaltiertheit, Despotentum

Glück findet sich Ihrer Meinung nach auf dem Grund aller Dinge, nicht an der Oberfläche. Dieses Wissen haben Sie mit in die Welt gebracht. Es ist die Wahrheit, die Ihnen Ihr Jupiter verkündet und die Sie Ihrerseits weiterverbreiten. Sie kennen die Höhen und Tiefen menschlicher Existenz, und Sie lassen sich nicht blenden vom sogenannten schönen Schein.

Was die Welt wirklich zusammenhält, ist der ewige Kreislauf von Zeugung, Geburt, Leben und Tod. Alles war schon immer – und alles wird immer sein ... Daher nehmen Sie sich in besonderer Weise solcher Dinge an, die ausgegrenzt wurden aus diesem ewigen Kreislauf, aber unbedingt mit dazugehören. Zum Beispiel ist für Sie der Schatten ein notwendiger Teil des Lichts. Sie fühlen sich deshalb veranlaßt, sich für Schwächere einzusetzen oder aus der Gesellschaft Ausgeschlossene zu unterstützen. Sie wissen instinktiv, daß es dem Leben schadet, wenn nicht alle seine Seiten integriert werden. In Ihnen lodert das heilende Feuer Jupiters besonders stark und leidenschaftlich. Wie Pollux einst seinem toten Bruder Kastor in die Unterwelt folgte, um bei ihm zu sein, sind Sie bereit, die größten Unannehmlichkeiten auf sich zu nehmen, damit das Leben keinen Teil verliert. Sie sind daher der geborene Retter und Heiler, unabhängig davon, ob Sie diese Gaben in einem Beruf ausüben oder sie als selbstverständlichen Beitrag in Ihren Alltag einbringen.

Wovor Sie sich allerdings hüten sollen, ist, sich über das Schicksal zu stellen oder zu versuchen, ein unangenehmes, aber wichtiges Ereignis »ungeschehen« zu machen.

Jupiter-Check

Wie habe ich Erfolg, inneres und äußeres Glück? Durch Hinterfragen, In-die-Tiefe-Gehen, Abwarten und einfach Sein.
Wie kann ich helfen und heilen? Indem Sie sich derer annehmen, die von anderen Menschen ausgegrenzt werden.

Jupiter im Schützen – DAS GLÜCK DER HOFFNUNG

Jupiterstärken Idealismus, Expansion
Jupiterschwächen Schwärmerei, Naivität

Glück ist für Sie, unterwegs zu sein, auf Rädern, im Flugzeug, im Zug, auf dem Schiff. In Ihnen lebt die Geschichte aller fahrenden Völker, der Nomaden und Zigeuner, der Boten, herumziehenden Bader, Gaukler, Barden und Geschichtenerzähler. Letztlich ist es die große Suche, die Sie leitet und führt, die Suche nach dem ewigen Gral, nach Erleuchtung, nach der blauen Blume, nach der Quintessenz der Alchimie. Glaube ist für Sie Sehnsucht, Gott findet sich immer anderswo, auf dem Weg zu sein ist für Sie das Ziel.
So verbreiten Sie die Wahrheit des Vielen und nicht die des Einen. Deswegen sind Sie so tröstlich für diese Welt: Denn Sie kennen immer noch einen Weg, sehen stets eine weitere Möglichkeit. Nichts ist für Sie aussichtslos, viele Wege führen nach Rom, und kein Problem ist so groß, daß es nicht doch eine Lösung dafür gäbe.
Das Feuer, das Ihnen Jupiter in die Hände gibt, heißt »Hoffnung«, und wo immer Sie sind, keimt dieses Gut wie Samen in der Erde. Gegen Hoffnungslosigkeit, Borniertheit und Menschen, die anderen keine Chancen lassen, ziehen Sie regelrecht ins Feld. Auf Ihrem Banner stehen Gerechtigkeit und Menschenwürde, das sind Ihre fundamentalen Anliegen, für die Sie sich vehement einsetzen.
Wovor Sie sich hüten müssen, ist, das Kind mit dem Bade auszuschütten. In Ihrem heilsamen Krieg gegen die Blindheit der Menschen laufen Sie Gefahr, selbst blind und einseitig zu werden.

Jupiter-Check
Wie habe ich Erfolg, inneres und äußeres Glück? Durch die immerwährende Suche nach Sinn und Göttlichkeit.
Wie kann ich helfen und heilen? Durch Ihre hoffnungsvolle Art, Ihren Trost, Ihren Humor, Ihren Witz ...

Jupiter im Steinbock – DAS GLÜCK DES WISSENS

Jupiterstärken Führungsqualität, Ausdauer
Jupiterschwächen Lehrmeisterei

Glück ist für Sie, Ihre Arbeit getan zu haben und Ruhe und Sammlung dankbar zu genießen, ähnlich der Erde, die nach einer Phase der Dürre Regen dankbar aufnimmt. Glück ist für Sie aber auch, sich einer Sache vollständig zu verschreiben, ihr zu gehören, bis sie vollbracht ist. Darin gleichen Sie einem Bergsteiger, der nicht eher ruht, bis er auf dem Gipfel steht – und dort nach dem nächsten Ausschau hält. Sie sind daher ein Mensch, der sich selbst immer wieder antreiben und motivieren kann – nach höheren, größeren Zielen strebt.
Genauso können Sie anderen Vorbild und eine große Hilfe sein, zum Beispiel verzagten und ängstlichen Menschen. Sie sind auch eine Führungspersönlichkeit. Nicht eine, die durch große Reden andere zu beeindrucken sucht. Sie werden auch niemals andere voranschicken und selbst im Hintergrund warten. Sondern Sie gehen ihnen voraus. Um das zu leisten, was Sie sich vornehmen, brauchen Sie Kraft, Ausdauer, Zähigkeit. Daher trainieren Sie diese Eigenschaften, um sie zu verbessern.
Sie sind hart zu sich selbst, weil Sie wissen, daß Sie sich nicht schonen dürfen, wenn Sie Ihre Ziele erreichen wollen. Die gleiche Einstellung erwarten Sie allerdings auch von anderen, was manchmal dazu führt, daß diese Sie fürchten und Ihnen aus dem Weg gehen. Daher ist es für Sie wichtig zu erkennen, daß nicht alle Menschen aus dem gleichen (harten) Holz geschnitzt sind. Entwickeln Sie Geduld, Nachsicht und Toleranz für Ihre Mitmenschen, und Sie werden eines Tages den höchsten Berg bezwingen – den Berg der Weisheit.

Jupiter-Check
Wie habe ich Erfolg, inneres und äußeres Glück? Durch Arbeit und Übernahme von Verpflichtungen. Durch Demut. Durch Anstrengung und Leistung.
Wie kann ich helfen und heilen? Durch vorbildliches Verhalten. Durch richtige Führung.

Jupiter im Wassermann – DAS GLÜCK DES FORTSCHRITTS

Jupiterstärken Humanismus, Toleranz
Jupiterschwächen Autoritätskonflikte

Glück ist für Sie das Gefühl, vorwärtszuschreiten, nicht stehenzubleiben, sondern Ihren Idealen von einer besseren, gerechteren, liebevolleren Welt näherzukommen. Sie sind ein Utopist, beseelt von der Vorstellung einer Welt von morgen, in der Armut, Krankheit und anderes Leid überwunden sein werden. Und Sie unterstellen sich selbst dem Fortschritt, arbeiten für ihn, kämpfen für ihn.
Es geht Ihnen jedoch nicht allein um Ihre eigene Zukunft. Sie sind auch ein Menschenfreund, der immer an das Gute glaubt. Sie verfügen über ein großes soziales Verantwortungsbewußtsein. Und Sie suchen immer wieder nach neuen Aufgaben, bei denen Sie Schwächeren und Benachteiligten helfen können. Dabei unterstützen Sie die Eigenverantwortung und Autonomie jedes Menschen. Denn Sie wollen kein Helfer oder Missionar sein, der anderen in ihrer Not zwar hilft, sie aber in ihrer Unmündigkeit beläßt.
Ungleichheit zwischen den Menschen hassen Sie mehr als alles andere. Es fällt Ihnen daher auch schwer, unter einer straffen Hierarchie zu arbeiten und zu leben. Sie dulden keinen über, aber auch niemanden unter sich.
Das Feuer, das Ihnen Jupiter überreicht, ist die Kraft und Ihr Glaube an eine positive Zukunft. Das macht Sie für diese Welt besonders wichtig. Denn Ihrem Willen, Ihren Visionen ist es zu verdanken, daß wir uns immer weiterentwickeln und nicht stehenbleiben.
Von emotional geäußerter Kritik oder Ablehnung lassen Sie sich nicht irritieren, sondern arbeiten beharrlich an der Erreichung eines einmal gesetzten Zieles weiter.
Wovor Sie sich in acht nehmen müssen, ist, daß Sie das Alte nicht völlig verwerfen. Sie berauben sich sonst Ihrer eigenen Wurzeln. Dann ist aber auch der Fortschritt eine Illusion.

Jupiter-Check
Wie habe ich Erfolg, inneres und äußeres Glück? Durch Arbeit an einer besseren Zukunft.
Wie kann ich helfen und heilen? Durch Vermitteln von neuen Perspektiven. Durch solidarische Unterstützung. Durch Veränderung.

Jupiter in den Fischen – DAS GLÜCK DES SEINS

Jupiterstärken Liebe, Mitgefühl, Intuition
Jupiterschwächen »Helfersyndrom«

Glück bedeutet für Sie, eins zu sein mit der Schöpfung, so wie ein Tropfen, der ins Meer fällt, im Meer eins wird mit dem Ganzen. Ihr Leben richtet sich vollkommen nach dem Ideal der Selbstlosigkeit und dem Zurückstellen eigener Bedürfnisse hinter das Wohlergehen des größeren Ganzen.

Ihr Engagement für eine bessere, humanere, liebevollere Welt macht auch vor eigenen Konsequenzen nicht halt, und es kann sein, daß Sie, weil Sie beispielsweise Tiere als beseelt betrachten, kein Fleisch mehr essen. In besonderer Weise gilt Ihr Schutz all jenen, die selbst nicht in der Lage sind, sich zu schützen: Kindern, Kranken oder auch Tieren. Soziales Engagement ist für Sie kein Schlagwort, sondern ein selbstverständlicher Teil des Lebens.

Ihr Jupiter macht Sie sensibel für Ungerechtigkeit und Lieblosigkeit; und er schenkt Ihnen die Kraft und Fähigkeit, entsprechende Mißstände zu mildern. Sei es, daß Sie ein Arzt oder ein Krankenpfleger werden oder einer Umweltorganisation beitreten. Jupiter verleiht Ihnen eine besondere Magie, die Leid und Traurigkeit auflöst. Sie tun aber auch gut daran, diese besondere Fähigkeit weiterzuentwickeln, indem Sie Heilpraktiker werden oder sich mit Dingen beschäftigen, die Ihre Neigungen fördern.

Da Sie Ihre Aufmerksamkeit oft auf ferne Ideale legen, welche für Sie auch mit tiefempfundenen Gefühlen verbunden sind, macht Ihnen die Bewältigung des Naheliegenden und der Umgang mit der unmittelbaren, konkreten Wirklichkeit mitunter etwas Mühe. Des weiteren ist es wichtig, daß Sie sich als Helfer nicht mißbrauchen lassen. Sie sollten daran arbeiten, sich deutlicher abgrenzen zu können.

Jupiter-Check

Wie habe ich Erfolg, inneres und äußeres Glück? Durch Hingabe an das, was ist. Durch Liebe des Ganzen.

Wie kann ich helfen und heilen? Sie besitzen große heilerische Fähigkeiten, die Sie nur zum Fließen bringen müssen.

Das Saturnhoroskop –
ZUM LEUCHTENDEN DIAMANTEN WERDEN

In der Astrologie gilt Saturn weithin als Übeltäter, als Verkörperung des Schlechten und Bösen. Er scheint es darauf abgesehen zu haben, uns das Leben so schwer wie irgend möglich zu machen. Wie der Drache im Märchen verkörpert er Gefahr, Schrecken, ja, zuweilen sogar den Tod. Daher finden sich alte Abbildungen, auf denen Saturn als Skelett mit Sense zu sehen ist, das alles erbarmungslos niedermäht. Saturn kennt kein Mitleid, keine Gnade. Er wirft den Menschen ihr Schicksal vor die Füße – und es bleibt nichts anderes, als es zu nehmen und zu tragen.

Aber es existiert doch auch eine andere, eine positive Seite. Wenn Saturn einen plagt, schikaniert, an den Abgrund heranführt, dann hilft er ebenso, sich gegen die Unbilden des Schicksals zu wappnen. Saturn bietet daher die Chance, stark zu werden. Er »schmiedet« den Menschen, macht ihn hart, widerstandsfähig, ausdauernd. Wer immer etwas Großes erreicht in seinem Leben, der schafft es mit Hilfe Saturns und seiner (oft) grausamen Wechselbäder. Dort, wo in unserem Horoskop der Planet Saturn steht, müssen wir also lernen, in die Schule gehen, dort werden wir gestreckt und zusammengeschoben, kritisiert und tyrannisiert, trainiert und behindert – bis wir Perfektion erlangen. Perfektion, Vollkommenheit, Reinheit – vom Rohling zum Diamanten: So läßt sich das Wirken Saturns zusammenfassen.

Und dennoch geht es dabei keineswegs ausschließlich um Härte, Ausdauer, Übung, Verzicht und unermüdliches Arbeiten an sich selbst. Der Weg zur Vollkommenheit führt unmittelbar am Fluß der Gnade entlang. Die Arbeit mit und durch Saturn besteht nicht nur aus Ehrgeiz und läuft auch nicht allein nach dem Motto »Gelobt sei, was hart macht!« Vielmehr schließt der Weg zur Vollendung ebenso Demut mit ein. Saturn ist kein kalter, gemeiner, fordernder Feind, dem gegenüber es sich nur zu wappnen und zu rüsten gilt. Er verlangt – nein, er verdient – auch Ehrfurcht und Liebe.

DIE ERMITTLUNG DES SATURNZEICHENS

Suchen Sie in der folgenden Saturntabelle Ihren Geburtstag, und entnehmen Sie Ihr Saturnzeichen, das Sie auf den entsprechenden Text im Anschluß verweist. (Siehe auch die Vorbemerkung am Beginn von Teil II dieses Buches.)

Die Saturntabelle

1920* Jungfrau, **1921** 1.1.–8.10. Jungfrau, 9.10.–31.12. Waage, **1922** Waage, **1923** 1.1.–20.12. Waage, 21.12.–31.12. Skorpion, **1924** 1.1.–6.4. Skorpion, 7.4.–14.9. Waage, 15.9.–31.12. Skorpion, **1925** Skorpion, **1926** 1.1.–2.12. Skorpion, 3.12.–31.12. Schütze, **1927–1928** Schütze, **1929** 1.1.–15.3. Schütze, 16.3.–5.5. Steinbock, 6.5.–30.11. Schütze, 1.12.–31.12. Steinbock, **1930–1931** Steinbock, **1932** 1.1.–23.2. Steinbock, 24.2.–13.8. Wassermann, 14.8.–19.11. Steinbock, 20.11.–31.12. Wassermann, **1933–1934** Wassermann, **1935** 1.1.–14.2. Wassermann, 15.2.–31.12. Fische, **1936** Fische, **1937** 1.1.–24.4. Fische, 25.4.–18.10. Widder, 19.10.–31.12. Fische, **1938** 1.1.–13.1. Fische, 14.1.–31.12. Widder, **1939** 1.1.–5.7. Widder, 6.7.–23.9. Stier, 24.9.–31.12. Widder, **1940** 1.1.–19.3. Widder, 20.3.–31.12. Stier, **1941** Stier, **1942** 1.1.–9.5. Stier, 10.5.–31.12. Zwillinge, **1943** Zwillinge, **1944** 1.1.–19.6. Zwillinge, 20.6.–31.12. Krebs, **1945** Krebs, **1946** 1.1.–2.8. Krebs, 3.8.–31.12. Löwe, **1947** Löwe, **1948** 1.1.–18.9. Löwe, 19.9.–31.12. Jungfrau, **1949** 1.1.–3.4. Jungfrau, 4.4.–29.5. Löwe, 30.5.–31.12. Jungfrau, **1950** 1.1.–20.11. Jungfrau, 21.11.–31.12. Waage, **1951** 1.1.–7.3. Waage, 8.3.–13.8. Jungfrau, 14.8.–31.12. Waage, **1952** Waage, **1953** 1.1.–22.10. Waage, 23.10.–31.12. Skorpion, **1954–1955** Skorpion, **1956** 1.1.–12.1. Skorpion, 13.1.–14.5. Schütze, 15.5.–9.10. Skorpion, 10.10.–31.12. Schütze, **1957–1958** Schütze, **1959** 1.1.–5.1. Schütze, 6.1.–31.12. Steinbock, **1960–1961** Steinbock, **1962** 1.1.–3.1. Steinbock, 4.1.–31.12. Wassermann, **1963** Wassermann, **1964** 1.1.–23.3. Wassermann, 24.3.–17.9. Fische,

* Siehe auch die Anmerkung zur Mondtabelle.

18.9.–15.12. Wassermann, 16.12.–31.12. Fische, **1965–1966** Fische, **1967** 1.1.–3.3. Fische, 4.3.–31.12. Widder, **1968** Widder, **1969** 1.1.–29.4. Widder, 30.4.–31.12. Stier, **1970** Stier, **1971** 1.1.–18.6. Stier, 19.6.–31.12. Zwillinge, **1972** 1.1.–10.1. Zwillinge, 11.1.–21.2. Stier, 22.2.–31.12. Zwillinge, **1973** 1.1.–1.8. Zwillinge, 2.8.–31.12. Krebs, **1974** 1.1.–7.1. Krebs, 8.1.–18.4. Zwillinge, 19.4.–31.12. Krebs, **1975** 1.1.–16.9. Krebs, 17.9.–31.12. Löwe, **1976** 1.1.–14.1. Löwe , 15.1.–4.6. Krebs, 5.6.–31.12. Löwe, **1977** 1.1.–16.11. Löwe, 17.11.–31.12. Jungfrau, **1978** 1.1.–5.1. Jungfrau, 6.1.–25.7. Löwe, 26.7.–31.12. Jungfrau, **1979** Jungfrau, **1980** 1.1.–20.9. Jungfrau, 21.9.–31.12. Waage, **1981** Waage, **1982** 1.1.–28.11. Waage, 29.11.–31.12. Skorpion, **1983** 1.1.–6.5. Skorpion, 7.5.–24.8. Waage, 25.8.–31.12. Skorpion, **1984** Skorpion, **1985** 1.1.–16.11. Skorpion, 17.11.–31.12. Schütze, **1986–1987** Schütze, **1988** 1.1.–14.2. Schütze, 15.2.–31.12. Steinbock, **1989–1990** Steinbock, **1991** 1.1.–6.2. Steinbock, 7.2.–31.12. Wassermann, **1992–1993** Wassermann, **1994** 1.1.–28.1. Wassermann, 29.1.–31.12. Fische, **1995** Fische, **1996** 1.1.–6.4. Fische, 7.4.–31.12. Widder, **1997** Widder, **1998** 1.1.–8.6. Widder, 9.6.–24.10. Stier, 25.10.–31.12. Widder, **1999** 1.1.–28.2. Widder, 1.3.–31.12. Stier, **2000** 1.1.–9.8. Stier 10.8.–15.10. Zwillinge, 16.10.–31.12. Stier, **2001** 1.1.–20.4. Stier, 21.4.–31.12. Zwillinge, **2002** Zwillinge, **2003** 1.1.–3.6. Zwillinge, 4.6.–31.12. Krebs

Saturn im Widder – ÜBER DIE KRAFT HERRSCHEN

Saturnstärken Ehrgeizig, machtvoll, führungsbegabt, durchsetzungsstark, edel
Saturnschwächen Rechthaberisch, sarkastisch, bösartig, bissig, gemein

In Ihrem Leben geht es darum, Ihre Wildheit zu bändigen, Ihre Emotionen zu zügeln und Ihren persönlichen Willen einem höheren Ziel, einer Idee mit allgemeinem Wert unterzuordnen. Beschreiben ließe sich Saturn als »Pferdeflüsterer« und das Widderzeichen als wildes Pferd, aus dem ein edles Wesen werden soll, das seinem Reiter seine feurige Energie voll und gern zur Verfügung stellt.
Es besteht allerdings auch die Variante, die Wildheit zu brechen und sie zu unterdrücken. Das machen viele Menschen mit Saturn im Widder. Sie verdrängen und vergessen ihre Wildheit und sind schließlich im Besitz eines, um es salopp auszudrücken, alten Kleppers. Die andere Möglichkeit bedarf großer Geduld und harter Arbeit an sich selbst. Man muß die Auseinandersetzung mit dem Leben als Läuterungsprozeß begreifen und Kritik nicht als Verhinderung oder Bösartigkeit des Schicksals, sondern als einen Wink Saturns nehmen. Und es ist notwendig, Emotionen, Wünsche und Sehnsüchte zu hinterfragen und dem Prozeß der Läuterung unterzuordnen.

Saturn-Check
Wo muß ich mich Saturn beugen? Ich muß mein Feuer zähmen und Geduld lernen.
Auf welchen Wegen führt mich Saturn zum Erfolg? Durch Verhinderung, Kritik und Strafe – damit ich vollkommen werde.

Saturn im Stier – ÜBER DIE LUST HERRSCHEN

Saturnstärken Beharrlichkeit, Festigkeit, Standhaftigkeit, Sparsamkeit
Saturnschwächen Geiz, Gefühllosigkeit, Sturheit, Gier, Neid, Existenzangst

Menschen mit Saturn im Stier nehmen sich vom Leben mehr, als ihnen zusteht, und leiden dann unter den Folgen. Man ißt und trinkt mehr, als man verdauen kann – und nimmt zu, setzt Fett an, bekommt Bewegungsprobleme und wird unter Umständen krank. Des Mammons wegen arbeitet man mehr und härter, als einem guttut – und wird nervös, gestreßt und ist zum Schluß arbeitsunfähig. Man legt sein Geld in Geschäften an, die man nicht übersieht – und zu guter Letzt ergeht es einem wie Hans im Glück: Man besitzt gar nichts mehr.
Man lebt also über seine Verhältnisse, und das von Kindesbeinen an. Dramatische Auseinandersetzungen mit Eltern und anderen Erwachsenen sind die Folge, wobei zunächst immer die anderen die »bösen, versagenden und mißgünstigen« Menschen sind. Aber es ist Saturn, der einem das Leben schwermacht. Er verlangt Verzicht, und das gerade dort, wo das Leben am meisten Spaß macht. Das ist ein harter, mühsamer, frustrierender Weg. Auf der anderen Seite entwickelt man auf diese Weise eine besonders feine Sinnlichkeit, wird zum Genießer der kleinen Dinge und der wirklichen Köstlichkeiten des Lebens. Auf dem Weg dorthin hält einem Saturn jedoch jede »Verfehlung« vor: Wer uneingeschränkt seiner Lust folgt, bekommt dafür früher oder später die Rechnung.

Saturn-Check
Wo muß ich mich Saturn beugen? Ich darf meiner Lust und meinen Wünschen nicht nachgeben. Auch gegenüber sämtlichen materiellen Werten – Geld und Reichtum – bedarf es Aufmerksamkeit.
Auf welchen Wegen führt mich Saturn zum Erfolg? Durch Leid, Schmerzen, Versagung und Verhinderung, unter Umständen auch durch Krankheit.

Saturn in den Zwillingen – ÜBER DIE LEICHTFERTIGKEIT HERRSCHEN

Saturnstärken Klarheit, Überblick, das Wesentliche erkennen, literarisches Geschick, geistige Wendigkeit
Saturnschwächen Die Wahrheit verdrehen, Unsicherheit, Besserwisserei, Charakterschwäche

Ihre Aufgabe ist es, sich im Leben nicht zu verzetteln, die Wahrheit zu finden und nicht ihren Schein, Wissen zu erwerben, das wirklich nützlich ist. Sie gehen Ihr Lebtag lang in eine Schule, in der Sie lernen, immer besser zu werden, immer mehr Kenntnisse zu erwerben. Aber dieses »Besser« und dieses »Mehr« sind nicht einfach quantitativ gemeint. Es geht um einen großen Reifungsprozeß.
Was ist der Grund, Sie dermaßen streng zu disziplinieren? – In Ihrer Persönlichkeit findet sich ein unglaublich leichtfertiger Anteil. Aus der Sicht des (Über-)Lebens heraus braucht es daher eine andere, eben die saturnische Kraft, damit Sie sich nicht aus dieser Leichtfertigkeit heraus selbst schaden. In Ihrer Tiefenpsyche herrscht also ein berechtigter Zweifel an Ihren Kontrollfunktionen. Das ist der Grund für die Strenge Saturns. Wenn Sie mit Ihrem Saturn in den Zwillingen behutsam und richtig umgehen, dann »schleifen« Sie sich selbst, werden nicht überheblich, sondern orientieren sich an anderen und suchen sich Lehrer und Meister, die Ihnen helfen, vollkommener zu werden.
Worauf Sie noch achten müssen: Mit dieser Saturnstellung neigt man zu einsamen Entschlüssen. Sozusagen als Gegenreaktion auf die Leichtfertigkeit wird man zum Dogmatiker und Besserwisser, zu einem, der alles mit dem Kopf checkt. Eine solche Haltung entspricht nicht dem Wunsch Saturns.

Saturn-Check
Wo muß ich mich Saturn beugen? Ich muß lernen, Kritik konstruktiv zu nehmen. Ich muß über sämtliche Konsequenzen meines Verhaltens Bescheid wissen.
Auf welchen Wegen führt mich Saturn zum Erfolg? Durch Verhinderung, Mißerfolg und Demütigung.

Saturn im Krebs – ÜBER DIE GEFÜHLE HERRSCHEN

Saturnstärken	Selbstbeherrschung, seine Gefühle im Griff haben, zum Kern vordringen, Distanz, Wahrhaftigkeit, Zuverlässigkeit
Saturnschwächen	Gefühlskälte, Rückzug, Mißtrauen, Pessimismus

Ihr Saturn hat Sie auf eine besondere Lebensreise geschickt: Aus einem Wesen, das seinen Gefühlen und Instinkten folgt, soll ein Mensch werden, der sein Leben nach Einsicht, Wahrheit und höherem Wissen steuert. Der Weg ist überaus schwierig und schmerzlich. Saturn hat Ihnen nämlich Angst vor dem Glück und sogar vor der Liebe eingepflanzt. Als wäre es für Sie verboten, Zufriedenheit zu kosten. Als müßten Sie immer wieder die Erfahrung machen, daß das Leben bitter ist.

Woher kommen diese Ängste? – Ihre Psyche ist geprägt von traumatischen Erfahrungen. Es kann sein, daß diese Erfahrungen aus früheren Leben stammen. Es ist aber genauso möglich, daß Sie mit bestimmten existentiellen Erfahrungen Ihrer Ahnen verbunden sind. Jedenfalls lebt in Ihnen die Angst fort, Ihre Gefühle könnten mißbraucht werden, so wie es schon einmal geschehen ist. Deswegen mißtraut Saturn grundsätzlich allen Gefühlen. Es ist reiner Schutz. Sie sollen über die Gefühle hinauswachsen, unabhängig und frei von ihnen werden. Aber Sie dürfen Saturn auch nicht zum Alleinherrscher über Ihr Leben erheben und grundsätzlich vor Gefühlen davonlaufen. Sie sollen klüger, erfahrener ins Leben treten, damit Ihnen nichts Schlechtes widerfährt. Ziel Ihres Lebens ist, Ihre Vergangenheit zu überwinden, nicht vor ihr zu kapitulieren. Stellen Sie sich Ihren Gefühlen! Sie sind kein Kind mehr, das man verletzen kann. Sie sind eine erwachsene, starke Person!

Saturn-Check

Wo muß ich mich Saturn beugen? Ich muß lernen, über meine Gefühle hinauszuwachsen.

Auf welchen Wegen führt mich Saturn zum Erfolg? Durch Angst, Schmerzen, Versagung und Leid.

Saturn im Löwen – ÜBER DAS EGO HERRSCHEN

Saturnstärken Selbstbeherrscht, erhaben, edel, vollendet sein
Saturnschwächen Arrogant, selbstherrlich sein

Mit Saturn im Löwen ist man dafür bestimmt, das Höchste anzustreben – und muß doch immer wieder die Erfahrung machen, ganz unten zu sein. Diese Saturnposition schmiedet Menschen, die Ruhm und Ehren erwerben, Meister und Führungspersönlichkeiten. Aber der Weg dorthin ist beschwerlich; es muß viel erduldet, durchgemacht und verstanden werden. Das Leben pendelt zwischen Macht und Ohnmacht, zwischen Stolz und Scham hin und her. Allmählich entwickelt man Angst vor Macht, Verantwortung und Erfolg – und wird doch auch regelrecht davon angezogen.
Saturn im Löwen kann mit der Zeit zu Unlust dem Leben gegenüber führen. Dagegen muß man dann selbst »zu Felde ziehen«. Zuvor braucht es die Einsicht, was Saturn eigentlich bezwecken möchte. Diese Saturnposition ist die Folge von Machtmißbrauch. Vielleicht hat man in einem früheren Leben versagt, die Verantwortung nicht übernommen. Vielleicht trägt man aber auch an einer Schuld der eigenen Ahnen.
Saturn im Löwen »erzieht« einen dazu, sein Wirken, sein Verhalten und Sein zu überdenken und hinsichtlich sämtlicher Konsequenzen zu verantworten. Dazu gehört im besonderen das Verhalten als Vater bzw. Mutter den eigenen Kindern gegenüber. Man muß die Verantwortung selbst dann übernehmen, wenn man nach gängiger Meinung davon freigesprochen wird, wie zum Beispiel bei einer Krankheit oder einem Unfall.

Saturn-Check
Wo muß ich mich Saturn beugen? Ich muß lernen, Verantwortung zu übernehmen.
Auf welchen Wegen führt mich Saturn zum Erfolg? Er behindert mich, ich werde gedemütigt, kritisiert.

Saturn in der Jungfrau – ÜBER DEN KÖRPER HERRSCHEN

Saturnstärken Treue, Anhänglichkeit, Arbeitseifer, Selbstkontrolle, Genügsamkeit
Saturnschwächen Ernst, Pedanterie, Kritiksucht

Wenn sich Saturn in der Jungfrau niederläßt, trifft Kontrolle auf Kontrolle. Denn allein das Zeichen Jungfrau bedeutet, daß man seine Gefühle, seine Triebe, seinen Sex, seinen gesamten Körper im Griff hat. Wenn dann Saturn noch hinzukommt, verdoppelt sich die vorsichtige und kritische Einstellung. Bei dermaßen viel Skepsis muß in der Vergangenheit (in einem früheren Leben, in der eigenen Ahnenreihe) etwas geschehen sein, das große Angst hervorgerufen hat: Angst vor Sexualität und dem damit verbundenen Akt der Zeugung, Angst vor Schwangerschaft und Geburt. Saturn in der Jungfrau verweist auf ein »Versagen« in diesem Bereich: Vielleicht mußte eine Schwangerschaft abgebrochen werden, möglicherweise kam ein Kind tot zur Welt, oder beide, Mutter und Kind, kamen zu Tode.
Saturn in der Jungfrau schiebt jetzt einen Riegel vor Sex und Zeugung, blockiert die Gefühle, verringert die Lust, versucht, aus dem »Tiermenschen« mit seiner Abhängigkeit von Lust und Trieben einen Homo sapiens im wahrsten Sinne des Wortes, einen »weisen« Menschen, zu machen. Saturn verhindert also und weckt zugleich die Sehnsucht, das Körperhafte des Lebens zu transformieren, ein Wesen zu sein, dessen Energie nicht den Lenden, sondern dem Geist entspringt. Das heißt beileibe nicht, gleich in ein Kloster zu ziehen. Aber sich mit diesem Thema auseinanderzusetzen, das bleibt niemandem erspart, der Saturn in der Jungfrau hat.

Saturn-Check

Wo muß ich mich Saturn beugen? Ich muß lernen, meine Lust zu kontrollieren.
Auf welchen Wegen führt mich Saturn zum Erfolg? Durch Versagen, Enttäuschung, Krankheit und – last, not least – Einsicht.

Saturn in der Waage – ÜBER DIE LIEBE HERRSCHEN

Saturnstärken Gerechtigkeitssinn, Ausgewogenheit, wahrhaftig lieben können
Saturnschwächen Disharmonie, Unzufriedenheit, Gefühlskälte, Einsamkeit

Saturn in der Waage bedeutet die lebenslange Aufforderung, nach der »richtigen, wahren« Liebe zu suchen. Ihr gilt das ganze Sehnen und Streben. Um sie zu finden, müssen jede Menge Enttäuschungen verkraftet werden. Denn was man für Liebe hält – den Rausch der Sinne, überwältigende Gefühle, Herz und Schmerz –, hat vor Saturn noch lange keinen Bestand. In seinen Augen heißt Liebe, daß sich ich und du, der eine und der andere, gleichwertig gegenübertreten. Niemand ist kleiner oder größer, gescheiter oder dümmer, wichtiger oder unbedeutender, reifer oder naiver. Das klingt einfach und ganz selbstverständlich, ist es aber nicht. Menschen haben von Natur aus das Bestreben, sich selbst zu verwirklichen, andere (und dazu zählen auch Partner) hingegen hintanzustellen. Darüber hinaus besteht Saturn auf Zuverlässigkeit. Vor ihm zählt noch das »eherne Gesetz«: »… bis daß der Tod uns scheidet!«
Es müssen gravierende Dinge geschehen sein (in einem früheren Leben, in der Ahnenreihe), daß jetzt Saturn persönlich über die Liebe wacht. Es kam zu unwürdigem Verhalten. Jemand wurde im Stich gelassen. Die Liebe wurde verraten. Herzen wurden gebrochen … Jetzt »zahlen« Sie dafür. Aber es ist keine Rache oder Strafe. Saturn macht sich stark, damit Sie die gleichen Fehler vermeiden. Er bringt Sie auf den Weg, und er läßt Sie leiden, solange Sie nicht angekommen sind.

Saturn-Check
Wo muß ich mich Saturn beugen? Ich muß lernen, verbindlich zu sein.
Auf welchen Wegen führt mich Saturn zum Erfolg? Durch »falsche« Liebe, Liebeskummer und Alleinsein.

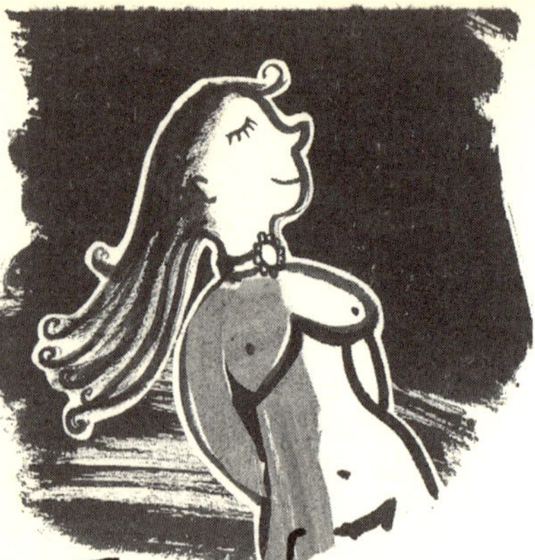

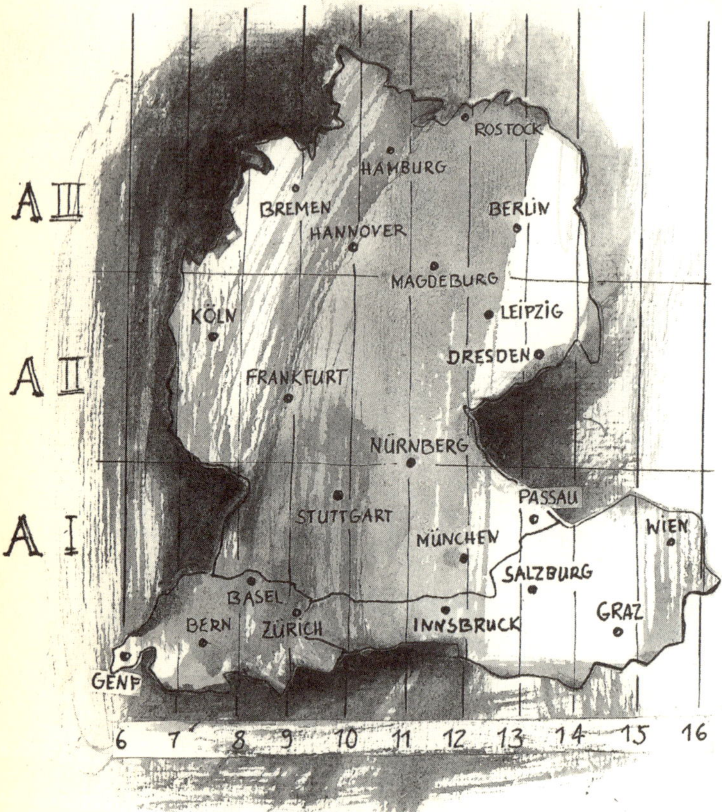

Mond in der Waage – VERLIEBT

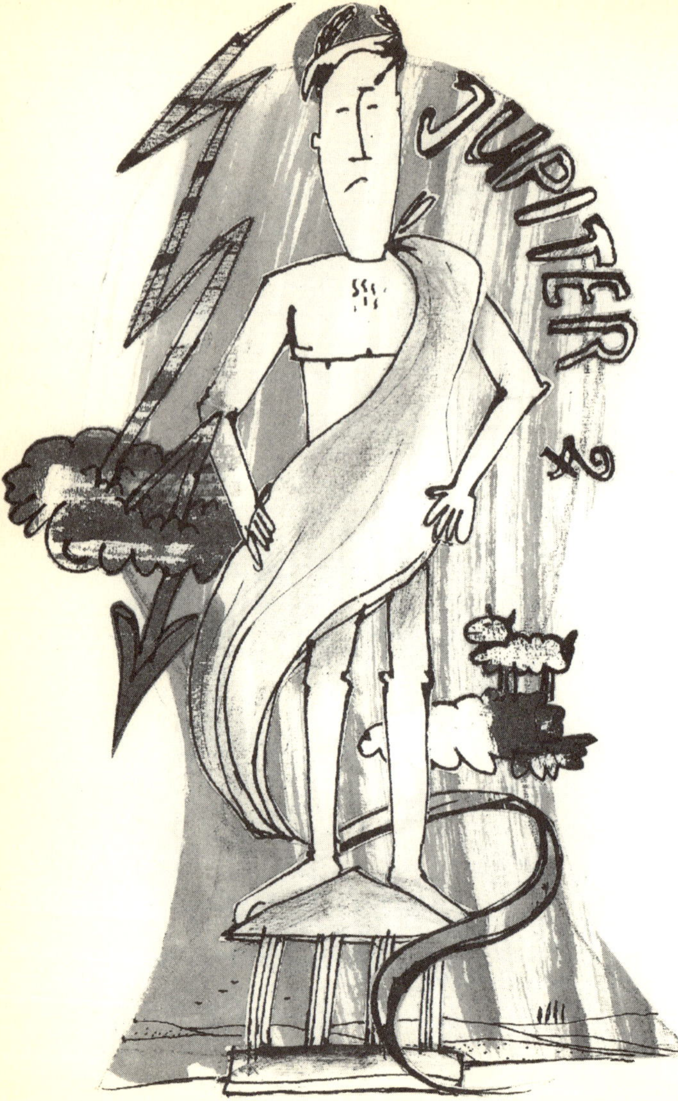

Saturn im Skorpion –
ÜBER DIE VERGÄNGLICHKEIT HERRSCHEN

Saturnstärken Tiefe, Zugehörigkeit, Willenskraft, Verbundenheit mit den Ahnen
Saturnschwächen Engstirnigkeit, Fanatismus

Saturn im Skorpion verweist auf tragische, leidvolle Erfahrungen. Könnte man sein Leben rückwärts ablaufen lassen, so würden rasch Szenen auftauchen, in denen man auf der Flucht, vertrieben, ohne Heimat, ohne Zugehörigkeit, ohne Familie ist. Auch bei den Ahnen, den Eltern, Großeltern und noch weiter zurück herrschen diese Themen vor. Man hat keine richtigen Wurzeln, kein Erbe, das man übernehmen, keine Fußstapfen, in die man treten kann. Wenn man zurückschaut, finden sich Leben ohne Glanz, ohne Würde, ohne Höhepunkte. Daher drängt einen Saturn mit aller Macht dazu, seinem Leben einen Wert zu verleihen. Denn das Gefühl, daß die eigenen Ahnen ein würdeloses Leben führen mußten, formt sich in den Seelen der Nachkommen zu einem großen, mächtigen Anspruch, es besser zu machen, den Gipfel zu ersteigen.
Saturn im Skorpion veranlaßt einen, die dünnen Fäden aus der Vergangenheit aufzuspüren und im Lauf des Lebens ein Netz daraus zu knüpfen – um so wieder einen Halt zu finden. In der Weise, wie man sich umdreht und vor der Vergangenheit verneigt, bekommt man eine Verbindung zu den Ahnen und der eigenen Vergangenheit und erhält Kraft und Wissen. Das ist der »Dank der Ahnen«. Weil man sich ihrer annimmt, erfährt man ihren Schutz, steht nie allein im Leben. Hinter einem steht die Kraft der Vergangenheit.

Saturn-Check
Wo muß ich mich Saturn beugen? Ich muß mich vor der Vergangenheit verneigen.
Auf welchen Wegen führt mich Saturn zum Erfolg? Durch hohe Ansprüche an mich selbst und mein Leben.

Saturn im Schützen – ÜBER WAHRHEIT UND WISSEN HERRSCHEN

Saturnstärken Pioniergeist, Mut, Weisheit, Stärke, Wahrhaftigkeit
Saturnschwächen Dünkel, Zynismus, Grausamkeit

Saturn im Schützen bedeutet eine Reise zu sich selbst. Es ist, als würde dieser Planet zu einem sagen: »Such deinen eigenen Weg! Laß dich nicht von anderen beeinflussen. Hör nur auf dich ...!« Diese starke Hinwendung zu sich selbst und gleichzeitige Abkehr von anderen beruht auf einer Reihe großer Enttäuschungen in der Vergangenheit (der eigenen bzw. derjenigen der Ahnen), bei denen der Glauben an andere Menschen verlorenging: Vielleicht versagte ein Arzt, es unterlief ihm ein Fehler, oder er gab sich zuwenig Mühe. Vielleicht wurde man auch in seinem Glauben zutiefst erschüttert, weil »Gott« etwas Schreckliches zuließ, einem nicht beistand. Es gehört auch zur Vergangenheit von Menschen mit Saturn im Schützen, daß man – um zu überleben – seinem Glauben abschwören mußte. Jedenfalls bestand am Anfang eine große Hoffnung, die schließlich in eine große Enttäuschung mündete.
Mit Saturn im Schützen hat man einen Vertrauten an seiner Seite, einen, der hilft, derartige Enttäuschungen zu vermeiden. Mit diesem Saturn ist man von vornherein skeptisch. Man kommt bereits mit Mißtrauen auf die Welt, und im Laufe der Jahre gewöhnt man sich immer stärker daran, alles in Frage zu stellen. Man wird ein Mensch, der zwischen Illusion und Wahrheit genau unterscheiden kann. Man wird weise.

Saturn-Check
Wo muß ich mich Saturn beugen? Ich muß lernen, mir selbst immer mehr zu vertrauen.
Auf welchen Wegen führt mich Saturn zum Erfolg? Durch Enttäuschungen, Fehlschläge und Irrwege.

Saturn im Steinbock – ÜBER SICH HERRSCHEN

Saturnstärken Klarheit, Standhaftigkeit, Verantwortlichkeit, Führungskompetenz, Selbstbeherrschung
Saturnschwächen Kälte, Rücksichtslosigkeit, Einsamkeit

Mit dieser Position besitzt man einen besonders mächtigen Saturn. Das beruht darauf, daß er der regierende Planet des Tierkreiszeichens Steinbock ist. Man sagt, er sei dort zu Hause und könne sich gut entfalten, seine Kraft verdoppelt sich im Steinbock. Auf der einen Seite führt das dazu, daß Sie kontinuierlich an einer Lebensaufgabe arbeiten. Sie lautet: etwas Großes im Leben vollbringen! Auf der anderen Seite führt diese doppelte Saturnkontrolle dazu, sich selbst zu mißtrauen: Sie haben Angst vor sich selbst, Ihren Gefühlen, Ihren Absichten, Ihrem Tun.
Diese Angst hat ihre Wurzeln in der Vergangenheit (in einem früheren Leben, im Leben Ihrer Ahnen), in der Sie bzw. Ihre Vorfahren ausgenutzt, manipuliert oder sogar mißbraucht wurden. Zu denken ist auch an Verführung oder gewalttätigen Mißbrauch von Kindern, wohl die verwerflichste Untat. Irgend etwas dieser Art ist geschehen, daß Sie sich heute nicht mehr selbst vertrauen. Für Sie sind Menschen gefährlich, unberechenbar, zu allem fähig.
In der Weise, wie Sie älter werden und sich selbst beweisen, daß das Leben, Sie, die anderen berechenbar sind, werden Sie neues Vertrauen schöpfen. Sie werden neue Gefühle entdecken, Gefühle, die weniger aus dem Bauch, sondern aus dem Herzen kommen. Sie können lieben und mit anderen Menschen zusammensein. Aber Sie können auch allein sein. Sie sind unabhängig, selbständig, und Ihr Leben wird getragen von Stimmigkeit und Zufriedenheit.

Saturn-Check
Wo muß ich mich Saturn beugen? Ich muß lernen, Herr meiner selbst zu sein.
Auf welchen Wegen führt mich Saturn zum Erfolg? Durch Angst, Vorsicht, Enttäuschung.

Saturn im Wassermann –
ÜBER DAS CHAOS HERRSCHEN

Saturnstärken Individualität, Erfindertum, Menschlichkeit
Saturnschwächen Chaotisch, verwirrt und verrückt sein, Hochstapelei

Menschen mit Saturn im Wassermann suchen etwas besonders Wertvolles im Leben, nämlich Individualität. Individualität ist kostbar. Zwar sagt man leicht dahin, jeder sei ein Individuum. Aber das ist hier nicht gemeint. Ein Individuum in diesem Sinne besitzt einen ganz eigenen Charakter, etwas völlig Besonderes und Einmaliges. Dadurch unterscheidet sich der einzelne von allen anderen Menschen, vergleichbar einem einzeln stehenden Baum in einer Landschaft.
Dieser Wunsch nach Individualität ist uralt. Sie tragen ihn schon lange (viele Leben, durch Generationen hindurch) mit sich herum. Sie sind aus der Gesellschaft ausgebrochen, haben Ihre Familie verlassen – immer auf der Suche nach Freiheit, nach Individualität. Sie haben Menschen mit anderem Glauben, aus anderen Ländern und aus anderen sozialen Schichten geliebt. Kinder kamen, noch bevor ein längeres Zusammenleben überhaupt zur Diskussion stand. Sie selbst entstammen letztendlich einer derartigen »Augenblicksverbindung«. Sie verdanken Ihr Leben einem »Zufall«, einer Laune des Lebens und der Spontaneität und Freiheit Ihrer Vergangenheit.
Aber Sie waren auch blind und unwissend und erlebten daher grandiose Irrungen und Verwirrungen. Sie erlitten die große Angst vor dem Chaos, vor einem Sein ohne Ordnung und Sicherheit. Sie wurden ausgestoßen und verbannt, verjagt und geächtet. – Jetzt begleitet Sie Saturn. Sie werden Ihr freies Leben fortführen und sich dabei immer sicherer am Chaos vorbeimanövrieren.

Saturn-Check
Wo muß ich mich Saturn beugen? Ich muß lernen, meine Individualität zu leben, ohne im Chaos unterzugehen.
Auf welchen Wegen führt mich Saturn zum Erfolg? Durch Reinfall, Bruchlandung und Fehlentscheidung.

Saturn in den Fischen – SEIN MITGEFÜHL BEHERRSCHEN

Saturnstärken Toleranz, Opferbereitschaft, Weitblick, Visionen
Saturnschwächen Ich-Schwäche, Isolation, Selbstzweifel

Saturn in den Fischen bedeutet ein Geheimnis. Wie im Märchen wird Ihnen aufgetragen, sich auf eine Reise zu begeben. Wohin? Vielleicht zum Ende des goldenen Regenbogens. Oder ans Ende der Welt. Oder nirgendwohin. Mit Saturn in den Fischen ist einem zwar ein Geheimnis in die Wiege gelegt – aber mehr weiß man nicht. Das Geheimnis hat damit zu tun, daß in Ihrer Vergangenheit (in einem früheren Leben, in Ihrer Ahnenreihe) jemand verschwiegen wurde: ein Kind, eine andere Frau, der richtige Vater … Dieses verleugnete, verschwiegene, verheimlichte Leben fehlt jetzt Ihrer Seele, und sie sucht danach, ohne daß Sie es selbst bewußt wahrnehmen.
In Ihrer Vergangenheit existieren solche Geschehnisse. Von daher haben Sie ein besonderes »Organ« für Unrecht und Lüge. Wo immer in dieser Welt Unrecht geschieht, leiden Sie mit. Jedes Leid zieht Sie regelrecht an. Aber das hat auch fatale Folgen für die Liebe. Sie neigen dazu, sich einen Partner zu suchen, der ganz besonders der Liebe bedarf, weil er unglücklich ist. Dann können Sie ihm – so glauben Sie zumindest – all das angedeihen lassen, was in der Vergangenheit nicht geschehen ist: grenzenlose Liebe. Sie nehmen ihn an. Sie sind für ihn da. Sie verstoßen ihn nicht.
Aber das ist der falsche Weg. Sie müssen mit der Vergangenheit fertig werden und sie nicht ständig vor sich hertragen. So wiederholen Sie Ihr Karma nur. Sie müssen nicht aufhören, andere zu lieben. Aber Sie dürfen das rechte Maß nicht aus dem Auge verlieren.

Saturn-Check
Wo muß ich mich Saturn beugen? Ich muß mich mit meiner Vergangenheit auseinandersetzen.
Auf welchen Wegen führt mich Saturn zum Erfolg? Durch Desillusionierung und Enttäuschung.

Schon immer suchte der Mensch einen Halt bei den Sternen

Info:

IHR PROFESSIONELL ERRECHNETES HOROSKOP

Im Computerzeitalter ist es ein leichtes, die exakte Horoskopzeichnung eines Menschen in Sekundenschnelle anzufertigen, wenn man die dazu erforderlichen Daten (siehe unten) eingegeben hat. Es dauert auch nicht lange, bis der Rechner dann die entsprechenden Deutungen aus Textbausteinen zusammenstellt. Daher gibt es inzwischen zahlreiche Anbieter, bei denen Sie mehr oder weniger preisgünstig Horoskope mit und ohne Interpretation erhalten können.
Beim Verfasser dieses Buches kann man gegen Vorauszahlung von 20,– DM/10,– Euro (in bar oder als Scheck; ab 2002 bitte in Euro) ein Geburtshoroskop (nur Zeichnung) bestellen. Bitte Name, Adresse, Geburtstag, Geburtszeit (gegebenenfalls beim Standesamt des Geburtsortes erfragen) und Geburtsort (bei kleineren Orten auch zusätzlich die nächste größere Stadt) angeben.
Wenn Sie möchten, können Sie hier auch eine vom Computer erstellte Persönlichkeitsanalyse anfordern. Der Preis für die etwa zwanzig Seiten umfassende Interpretation beträgt 60,– DM/30,– Euro inklusive Horoskop.
Sie können ebenso eine vom Computer berechnete Jahresprognose bestellen. Die kleine Vorausschau (zirka 15 Seiten, nur langsam laufende Planeten) kostet 60,– DM/30,– Euro. Die große Vorausschau (etwa 50 Seiten mit Merkur, Venus und Mars) kostet 80,– DM/40,– Euro (bitte Zeitraum angeben).
Sie haben dann eine zuverlässige Vergleichsmöglichkeit und können Ihre ganz individuellen Prognosen mit Büchern wie diesem abstimmen.

Die Adresse:

Erich Bauer
Postfach 22 11 15

80501 München